445

Merve Verlag

Redaktorat
Bernd Klöckener, Tom Lamberty

Art Direction & Design
HelloMe

Umschlag
HelloMe nach einem Entwurf von
Jochen Stankowski, Dresden

Druck und Bindung
Druckerei Dressler, Berlin

ISBN 978-3-88396-389-1
www.merve.de

Armen Avanessian

Miamification

Merve Verlag

Donnerstag 22. September: 7
First we take Miami…

Freitag 23. September: 13
Jetztlag – Nachzeitgenössische
Präemption

Samstag 24. September: 19
Minority Report –
Zukünftige Gegenwart vs.
gegenwärtige Zukunft

Sonntag 25. September: 28
Follow the crowd – iPhone

Montag 26. September: 34
Panel im ArtCenter –
Überwachungskapitalismus

Dienstag 27. September: 40
Kleine Poetik des Déjà-vu

Mittwoch 28. September: 43
Die Sprache des Semiokapitalismus –
Zeit für Bedeutung

Donnerstag 29. September: 52
Von Null auf Vorher – Präsentismus

Freitag 30. September: 62
Hyperstitions und Derivate –
Wie funktioniert Theorie heute?

Samstag 1. Oktober: 69
Uberfahrt nach Miami

Sonntag 2. Oktober: 73
Liquidities – Öl und Finanzialisierung

Montag 3. Oktober: 81
Miamification vs. The Orange-Utan

Dienstag 4. Oktober: 90
Gentrification –
Get ready for the future, it is murder

Mittwoch 5. Oktober: 97
Interview und Selbstbefragung

Donnerstag 6. Oktober: 105
Arbeiten Under the Hurricane

Freitag 7. Oktober: 112
Schalttag und Prämediation

Samstag 8. Oktober: 119
Rückflug ... *then we take Berlin*

Donnerstag 22. September: First we take Miami…

Um mich herum flackernde Bilder, Menschen, Tiere, Roboter, die sich in alltäglichen oder phantastischen Landschaften bewegen. Der Eindruck ständiger Unruhe im Stillstand wird dadurch verstärkt, dass all diese Bilder im selben fast quadratischen Format im Raum stehen. Von den sprechenden, tanzenden, kämpfenden Wesen ist hier im Flugzeug nichts zu hören, jeder sitzt in seinem Bilduniversum fest, die meisten Fensterluken sind verdunkelt.

Vor meinen Augen befindet sich ein größerer hellerer Bildschirm, nachdem ich die Idee hatte, diesen Eindruck zu notieren und all die Bilder, diese für mich stumme Bilderwelt, mit ein paar Worten auszustatten. Vor lauter schnell wieder verschwindenden Bildern und fehlenden Worten und Stimmen ist ein Verlangen nach Text entstanden. Es kann kein Zufall sein, dass ich jetzt auf einmal wieder Lust zu schreiben habe. Zu schreiben, ohne kurzfristigen Anlass, ohne Deadline für einen Aufsatz oder Vortrag. Keine Projektbeschreibung, die noch schnell zu skizzieren wäre, niemand der mich drängt, ›nur ganz kurz‹ diesen oder jenen Auftragstext abzusondern. Stattdessen sitze ich im Flugzeug, vor mir Musikvideos im Entertainment-Programm, aber vor allem zwei Wochen Zeit, um mit etwas Ruhe nachzudenken, zu schreiben, zu notieren, eine Ordnung in all das in den letzten Monaten Gelesene, Exzerpierte, in Vortragsmanuskripten Anformulierte zu bringen.

Verbleibende Flugzeit: 5:52. Noch fast sechs Stunden zum Stillsitzen gezwungen und noch dazu Offline. Aus diesem kleinen Zeitpolster heraus meldet sich ein Wunsch nach Standortbestimmung. Warum muss (nicht nur meine) philosophische Praxis im Kunstfeld überwintern? Ist heute überhaupt noch Zeit für philosophisches (Nach-, Hinterher-, Über-)Denken? Das meine ich gar nicht mit dem üblichen raunenden Ressentiment, mit dem vom Feuilleton gefeierte Eso- oder Exotiker ihre Gegenwart verdammen, sondern in einem ganz pragmatischen Sinn. Vor lauter Kurzzeitprojekten, ständigem Unterwegssein, Ablenkungen durch die sozialen Medien, Dauererreichbarkeit und all den allbekannten Phänomenen, die da sonst noch sind, hat sich eine neue Chronopolitik künstlerischer, kultureller und intellektueller Arbeit durchgesetzt, die kaum zum Schreiben längerer oder lange durchdachter Texte anregt. Aber was bringt es, diese Arbeitsbedingungen wie den damit verbundenen ständigen Zeitdruck nur negativ zu begreifen?

Natürlich ist der Eindruck schwer von der Hand zu weisen, dass das Internet wenn nicht gleich unser Gehirn verändert, so doch dauerhaft eine andere Aufmerksamkeitsökonomie durchgesetzt hat, die sich nicht rückgängig machen lässt. Bücherlesen, und erst recht Bücher*schreiben* ist neben einer intellektuellen Leistung auch zu einer wissensethischen Aufgabe geworden, von der nicht sicher ist, wie (lange) sie noch bewältigt werden kann. Vorsichtiger gefragt: Wie und wo werden in Zukunft noch philosophische Gedanken entstehen, die eine Relevanz in der Welt haben – also außerhalb immer dürftiger ausgestatteter akademischer Institute, die im berufsphilosophischen Alltagsbetrieb oft nur mehr um sich selbst kreisen. Kommt meine anti-akademische Allergie auch daher, dass ich mich ständig – mit psycho-biologischer Notwendigkeit – in dieses Außen, diese immer unverständliche(re) Realität werfe und alle Widerstände als phantasieanregende Chancen und phantastische Möglichkeiten zu verstehen suche?

»Eine Auswirkung des Internets scheint es zu sein, dass es mir zunehmend schwerfällt, mich zu konzentrieren und intensiv nachzudenken. Ob ich nun online bin oder nicht, mein Gehirn erwartet, dass man ihm Informationen so füttert, wie es das Internet tut: in einer schnell dahinfließenden Partikelflut. Einst war ich ein Sporttaucher im Meer der Worte. Heute rase ich über die Oberfläche wie ein Typ auf einem Jet-Ski.« (Nicholas Carr)

Dann eben im Flieger schreiben, oder (Warum eigentlich nicht?) in den nächsten zwei Wochen in Miami (Wo? Am Strand?), entlang der Fragen: Wie lässt sich jenseits der akademisch beglaubigten Formate und Regularien Philosophie betreiben, die nicht versucht – was ja gar nicht möglich ist – die Zeit zurückzudrehen? Wie all den nostalgischen Vergangenheitsgenossen mit einer etwas fröhlicheren Zeit-, oder genauer: Zukunftsgenossenschaft begegnen, die den Ablenkungen und Asynchronien unserer Existenzweisen etwas abgewinnen kann, ja von diesen lernt? Wie die angebliche Differenz zwischen lebensweltlicher Konkretion und theoretischer Abstraktion nicht nur notdürftig überbrücken, sondern belegen, dass die eine die andere intensiviert? Und wie all das so umfassend wie möglich tun, also unter Einbeziehung, Steigerung und Multiplikation aller möglichen persönlichen, räumlichen und zeitlichen Variablen der Verunsicherung?

Jedes Ich/›Ich‹ ist immer schon viele andere, weil es virtuell an vielen anderen Orten ist, und so ist natürlich auch dein ›Ich‹ ›heute‹ immer schon früher, später und überhaupt zwischen verschiedenen Zeiten hin und her gerissen. *Ich ist nie einfach hier und jetzt*. An den einzelnen Parametern von Raum, Zeit und Person, die dich scheinbar fest in der Welt verorten, kannst du deine räumliche, zeitliche und persönliche Nicht-Verortbarkeit festmachen. Und obwohl sie einander wechselseitig verschieben, ist es nicht sinnlos, jene Parameter einzeln zu betrachten. Die linguistisch gut begründbare Tatsache, dass Zeit, Raum und Person von jeher weniger, wie lange geglaubt wurde, Ordnungs-, sondern Unordnungsprinzipien waren, hat auch etwas Beruhigendes und gibt Grund zu Optimismus. *Mein* Heute *war* einmal *morgen, und morgen wird* schon bald *vergangen sein.* Statt einer wohlgeordneten Vergangenheit nachzutrauern (ein in jeder Hinsicht müßiges Unterfangen), musst du versuchen, dich in dieser neuen Un/Ordnung zurechtzufinden.

Aber ich schweife ab. Oder wie ›man‹ so gerne schreibt: Dafür ist hier jetzt nicht der Ort. Oder ganz profan: ›Hier und jetzt‹ bzw. ›damals dort‹ im Flieger siehst du, dass die Flugzeit noch fünf Stunden beträgt, aber die Batterielaufzeit des Laptops kaum drei Stunden.

Zurück zu der banalen Tatsache, dass Armen irgendwann in irgendeinem Flugzeug nach Miami sitzt. Er war noch nie in Miami und hat auch keine Ahnung, was ihn dort erwartet. Miami, ein Nicht-Ort, unbeschriebenes Blatt, Carte blanche.

Vielleicht muss ›Ich‹ anders (re)agieren. Auf die vorgeblich zeitlichen Fragen mit einer räumlichen Antwort, auf räumliche Fragen mit einer ›persönlichen‹ Antwort und immer so weiter, immer anders, immer verkehrter, um Antworten näherzukommen, die all die räumlichen, zeitlichen und letztlich persönlichen Unklarheiten in größere Beweglichkeit transformieren. Und Fragen gibt es ja genug. Wo komme ich her? Wie kommt es, dass Ich in diesem Flugzeug sitzt, nach Miami *of all places*? An wen richtet sich der Wunsch zu schreiben?

Wo komme *ich her?* Aus Berlin, wenn du ›woher‹ räumlich verstehst. Eigentlich kommst du aber aus einer ziemlich anstrengenden Reihe von Workshops und Kunstprojekten. Dir ist die letzten Jahre nichts Besseres eingefallen als einerseits die Erwartungen des Kunstfelds (der Künstler, Galerien, Museen und ihrer Leiterinnen) so gut es geht zu enttäuschen und zugleich auf möglichst irritierende Weise überzuerfüllen. Eine humorvolle Haltung also – und die vielleicht einzige Art und Weise, die Gesetze eines Felds zu verstehen bzw. gegen sich zu wenden. Das gelingt naturgemäß umso besser, je genauer man die Falle kennt, in der man sitzt. Und so hast du aus Interesse an einzelnen Personen, ihrer Art zu denken und sich auszudrücken, neue Formen des Zusammenarbeitens ausprobiert (die Bücher, Filme und Kunstprojekte gemeinsam mit anderen). Fast noch wichtiger aber ist die Art und Weise, wie diese Kooperationen auf deine Art und Weise Diskurs zu gestalten oder Theorie zu machen abgefärbt haben.

Wie kommt *es, dass ich in* diesem *Flugzeug sitze, nach Miami* of all places*?* Weil du die Verwirrung mit all den Kunstprojekten so weit getrieben hast, dass du schließlich auch als Künstler adressiert werden kannst. Für die Gründung eines Geheimdienstes im Rahmen der Berlin Biennale hat das ArtCenter South Florida ein paar Künstler-Aktivisten-Researcher (und -innen) für ein paar Wochen nach Berlin geschickt und dich im Gegenzug nach Miami eingeladen. Warum nicht eine *artist residency*, dachten wir beide. Ein letzter Sommer diesen Herbst mit Apartment in Strandnähe in Miami Beach.

An wen richtet sich mein Wunsch zu schreiben? Höchstens ein asynchrones, zeitlich und räumlich mit sich dissoziiertes Ich kann sich dieser asynchronen Gegenwart nähern. Und eigentlich kann deswegen auch nicht ›Ich‹ schreiben, sondern ›Ich‹ muss mit sich, seinen früheren (und vielleicht auch späteren) Gestalten in Dialog treten (und zwar nicht nur zeitlich, sondern auch räumlich und personal), einen Dialog mit *one-selves*.

Seit langem, seit den unseligen Zeiten des Dissertationsschreibens, hast du dich nicht mehr alleine an ein Schreibprojekt gewagt. Noch dein letztes Buch ist aus dem Gespräch mit Anke und dem Momentum der mit ihr gemeinsam geschriebenen Monographien heraus entstanden. Andererseits ist die *splendid isolation*, in der du dir das Schreiben längerer Texte früher jedes Mal von Neuem abgerungen hast, nicht mehr erstrebenswert. Aber *Marie sitzt* ja *neben dir. (Was bedeutet das?)* Zumindest die nächsten zwei Wochen – eigentlich auch darüber hinaus, so lautet der kategorische Imperativ der Liebesbeziehung – wirst du Tag und Nacht mit ihr sein (und danach setzt gleich wieder der Trubel ein, direkt von Düsseldorf nach Brüssel, von dort nach Amsterdam und erst dann wieder nach Berlin wenigstens für ein paar ruhige Tage).

Schon jetzt sind die oben formulierten Fragen also zu variieren. Statt danach zu fragen, woher du kommst, wo du gerade bist und wohin es geht, ist die Frage nach dem Schreiben sowohl von einem festen Standpunkt, einer Person und einem chronologischen Entwicklungsmodell zu lösen. Aus welcher (algorithmischen) Zukunft wird Ich geschrieben (haben)? Und wie näherst du dich ihm schreibend an, ohne deiner selbst oder irgendeiner anderen Präsenz je teilhaftig zu werden?

Im 20. Jahrhundert hieß es lange mit Freud ›Wo Es war, soll Ich werden‹. Und linke Gesellschaftskritik war meist um die Wiederherstellung eines authentischen, ursprünglichen Ich bemüht. Für das 21. Jahrhundert gilt eher: »Wo Es schon (ohne es zu wissen) ist, wird Ich gewesen sein.« Das meint auch, dass du es eher in der Zukunft suchen musst als in einer authentischen Vergangenheit. Aber kannst du (mit) einer späteren Version deiner selbst schreiben?

Du hast den neuen Zeitkomplex – diese schon gelebte, aber bei weitem nicht verstandene Zeit – in deinen letzten Texten einstweilen ›spekulative Zeit‹ genannt und die Weise in ihr zu leben ›spekulative Temporalität‹. Sie durchdringt alle Lebensbereiche, und dementsprechend wäre es dringlich geboten, mit ihr in Kontakt zu treten, eine tatsächliche Zeitgenossenschaft zu begründen. Denn sie regiert nicht nur auf einer allgemeinen politischen Ebene, sondern sie reguliert auch deine individuellen Lebensbereiche, wobei eine ökonomische (Zeit-)Logik stets eine Vermittlungsfunktion einzunehmen scheint – gut möglich, dass ihre spekulative Dimension auf ihre Affinität zur Ökonomie verweist.

Aber das ist schon wieder zu abgehoben, zu wenig konkret, zu wenig jedenfalls, als dass du dir solche Abstraktionen leisten könntest; zu wenig lokal, um global zu argumentieren. Low Battery.

Später werde ich über das alles Genaueres schreiben – das ist nicht nur der loslabernde Satz aller Literatur, wie Rainald Goetz meint, sondern auch aller in Airbussen ohne Steckdosen geschriebenen philosophischen Versuche. Auf einmal nur noch sieben Minuten Strom. Zum Glück. Ohnehin fliegt ihr durch zu viele Luftlöcher, seit ihr vor einer halben Stunde über Kanada in Richtung Süden abgedreht seid. Noch beinahe zwei Stunden Flug. Vielleicht einen Film, oder besser eine Serie, *Dexter* oder *Miami Vice*. Oder ausruhen. *First we take Miami.*

Freitag 23. September: Jetztlag – Nachzeitgenössische Präemption

JETZTLAG Ein hellblaues Kissen, leicht über den Bettrand gerutscht, eingeklemmt zwischen Wand und Matratze. Vielleicht wird gleich mehr sichtbar, wenn du das zweite Auge öffnest und den Kopf leicht hebst. Wo bist du? Gleich fällt dir ein, wer das gedacht haben muss.

Lauter Sätze im Kopf, die allesamt behaupten, irgendwie wichtig zu sein. Und das umso glaubwürdiger tun, als sie aus Resten des gestern Geschriebenen, Notierten und Gedachten bestehen. Deine Gedanken also. Dich umdrehend, tappst du nach dem iPhone und erkennst auch ohne Brille im Hintergrund deinen Koffer und zwei Kleider. Es ist 6:13 a.m., schon Mittag in Europa. Ganz nah vor sich sehen deine kurzsichtigen Augen auf dem Handy-Display: zwei verpasste Anrufe. Da hat ein Daumen schon das Telefon entsperrt, die Email-App aktiviert, und beim Überfliegen der Nachrichten der letzten Stunden registriert dein Körper, wie ihn ein Gefühl von Anspannung durchwandert. Dreiundzwanzig Emails, gefühlte zwei Drittel davon bald zu beantworten, einige davon sogar eilig, weil ihre Absender anscheinend mehrmals geschrieben haben, vielleicht weil der Tag schon fortgeschritten ist in Europa. Uneinholbare Asynchronie – das ist hier gleichbedeutend mit: ein Zuspätkommen, das für aus dem Osten Anreisende auf Dauer gestellt ist.

Du weißt jetzt, dass ihr für die erste Woche in dieser von Künstlern eingerichteten und ausgestatteten Wohnung untergebracht seid, setzt dich auf, schaltest die Klimaanlage ein und spürst die kalte Luft auf deinem Körper. Erinnerst dich an die Fahrt gestern vom Flughafen und Maries Diskussion mit Natalia Zuluaga, die uns abgeholt hat, über die Miami zugeschriebenen Exotismen. Karibische Temperaturen, hohe Luftfeuchtigkeit, Jetlag, eine schwere Mischung in deinem Körper.

So leise wie möglich gehst du in die kleine Küche. Einen und noch einen Knopfdruck später fließt Kaffee in die Tasse. Durch das Fenster siehst du den Nachbarn, dem ihr gestern bei eurer Ankunft begegnet seid, in sein Auto steigen. Du wartest auf das Geräusch des startenden Motors, und obwohl kein Rauch aus den Auspuffrohren des silbernen Lexus kommt, ist zu hören, dass ihn kein Elektromotor antreibt. Dann ist da der Gedanke, dass ihr täglich, und natürlich ohne es (euch) bewusst zu machen, mit einem Knopfdruck, oder einer Schlüsseldrehung, einen Zeitraum von einigen Millionen Jahren durchquert. Oder wie lange braucht es, bis aus Fossilien Rohstoff wird?

Weil du davon nicht viel weißt, dich das aber interessiert, gehst du zu dem kleinen Tisch und klappst deinen Computer auf. Du tippst *fossil fuel years* in die Suchmaschine und liest zunächst »Ungefähr 35.700.000 Ergebnisse (0,68 Sekunden)« und dann Informationen über diverse geologische oder tektonische Schichten und wie viele Jahre es dauert, bis sie sich gebildet haben. Sicher gibt es noch mehr Informationen über noch ältere Vorräte in den Einträgen, die mir Google in nicht einmal einer Sekunde angezeigt hat. Garantierte Überforderung der Vorstellungskraft. Eine zeitliche Asymmetrie, die man früher erhaben genannt hätte und die heute nur noch *too much* ist. *Hey neighbor, did you realize you just sent 300 million years of earth time into the air, isn't that sublime?*

PROFIL Es ist jetzt 6:20. Du teilst schnell auf Twitter das Interview mit María Muñoz mit all den Zeichnungen und deinen doch etwas sehr langen Ausführungen, wie dir an dem für dich unverständlichen Spanisch sofort deutlich wird. Und mit einem Mal sind alle kurzfristigen Projekte und Langzeitpläne wieder präsent, und was heute alles zu erledigen wäre. Kein Wunder, dass es manchmal einige Momente braucht, bis du aus deiner halb verschlafenen Verwirrung wieder zurückfindest und, wie es heißt, alles ›auf dem Schirm‹ hast. Aber auch kein Wunder, dass es manchmal einige Sekunden dauert, bis du weißt, wer, wann und wo du bist, bis dein Betriebssystem dir wieder vormachen kann, alles in eine geordnete Folge der Ereignisse gebracht zu haben. Könntest du dich einmal längere Zeit nicht erinnern, dann würde dir wohl Google auf die Sprünge helfen. Du könntest dich aus der stets schon auf dich, auf deinen Standort zugeschnittenen Antwort ungefähr situieren. Selbst bei der ganz neutralen Nachfrage gerade eben haben tendenziell USA- und miamispezifische Links Priorität, die Suchmaschine weiß also, wann und von wo aus du dich einloggst und nimmt Rücksicht darauf. Sie muss auch Informationen darüber haben, wer es ist, der jetzt hier sucht, woran dich die Werbung auf Facebook erinnert.

Ihr seid immer (mehr und öfter) an anderen und sich verändernden Orten anzutreffen. Es wäre interessant zu verstehen, ob oder wie diese räumlichen Asymmetrien den zeitlichen eurer Existenz entsprechen oder diese noch potenzieren. Jedenfalls kreuzen sich diese drei Achsen nicht automatisch, es gibt keinen gemeinsamen Fluchtpunkt, auf den Ich, Hier, Jetzt zulaufen, keine Ich-Hier-Jetzt-Origo als Ursprung für ein analoges Ich im Wirklichkeitssystem. Deswegen seid ihr stets darum bemüht, so etwas wie Referentialität, also Inbezugnahme (z. B. die Kontaktaufnahme bzw. permanente Verbindung zu sozialen Netzwerken) herzustellen, ohne die faktische Relevanz unmöglich scheint. Aber wie über diesen Tanz der Deiktika schreiben, nicht fiktional und auch ohne essayistisches Parfum. *Dancing Deixis* als neues Anforderungsprofil für ein anderes Philosophieren?

Lässt sich das auch so beschreiben, dass du stets in mehreren Orten und Zeiten aktiv bist, weil du etwa viele digitale Profile hast, die allesamt die Kreuzung eines Ich mit einem jeweiligen Hier und Jetzt markieren, Ich-Profile, die nach einem sturen Wahrscheinlichkeitsmodell berechnet sind? Vielleicht könnt ihr ja am besten über Umwege und indirekt auf euch schließen, als Differenz aus den unterschiedlichen räumlichen und zeitlichen Markierungen, die ihr hinterlasst? Welches Wissen liegt in euren Daten? Oder anders: Was könnt ihr aus ihnen lernen? Zunächst einmal, dass ein beträchtlicher Teil eurer Identität, eures Wissens und Gedächtnisses in technische Medien ausgelagert ist. Daran habt ihr euch längst gewöhnt: in Notizen auf Papier, in digitalen Dateien, in der euch übersteigenden Cloud. Ihr greift auf dieses Wissen nicht anders zurück als auf die Informationen von Wikipedia oder Google. Aber diese ständige Präsenz ist trügerisch, impliziert sie doch eine Verfüg- und Beherrschbarkeit und einen Einklang von Technik und Biologie, wann immer ihr wollt, hier und jetzt.

Wer ihr seid, könnt ihr nur nachträglich aus euren Datenspuren erfahren. Wenn dem so ist, dann musst du nicht nur zu einem neuen Verständnis von dir selbst und deiner Zeit kommen, sondern auch darüber, was du eigentlich unter ›Zeit‹ verstehst.

PRÄEMPTIVE PERSÖNLICHKEIT Auch wenn ihr nicht wisst, was als nächstes geschieht – umgekehrt seid ihr der Zukunft schon bekannt. Das alte Spiel der Prokrastination hat ausgespielt. *Dafür ist* keine *Zeit mehr*. In Wahrheit ist die chronologische Zeit längst abgelaufen, oder es ist gar keine Zeit *bis dahin*. Und die Algorithmen kennen euch schon lange besser als ihr selbst. Die Aufgabe all der sogenannten *web bugs*, Cookies und der ihre Informationen auswertenden Firmen ist die Herstellung einer neuen Form algorithmischer Identität.

Faszinierend, und das meint auch bedrohend, wie die biologischen, sexuellen oder sozialen Normen dabei nicht *top down*, sondern *bottom up*, also ausgehend von einer individuellen Ebene, gebildet werden, in einem rekursiven Prozess. Aber du holst schon wieder zu weit aus. Auch über Gefahr oder Potenzial dieser neuen Art der Normenbildung lässt sich am besten anhand der ihr eigentümlichen Zeitlichkeit nachdenken.

»The product of many of these firms is a ›new algorithmic identity‹, an identity formation that works through mathematical algorithms to infer categories of identity on otherwise anonymous beings. It uses statistical commonality models to determine one's gender, class, or race in an automatic manner at the same time as it defines the actual meaning of gender, class, or race themselves. Ultimately, it moves the practice of identification into an entirely digital, and thus measureable, plane.« (John Cheney-Lippold)

Wer kennt nicht Anekdoten wie die von dem empörten Vater, der sich bei *Target* über die Zusendung von Babymaterial an seine junge Tochter beschwert: *Target* wusste lange vor ihm von ihrer Schwangerschaft und zwar anhand einschlägiger Recherchen und Bestellungen (eine angehende Familie mit ein paar Geschenken als Dauerkunden zu gewinnen, zahlt sich aus). Gleich ob erfunden oder nicht, egal ob diese junge Frau tatsächlich schwanger war oder nicht, entscheidend ist, dass sich hier eine neue Richtung der Zeit zeigt.

Dass die Aktivitäten in den sozialen Medien Rückschlüsse auf Beziehungen (vorhanden/nicht vorhanden, glücklich/unglücklich, usf.) zulassen, dürfte nicht überraschen, aber dass auch die Wahrscheinlichkeit für eine bevorstehende Trennung sich von einschlägigen Apps berechnen lassen soll, ist dann doch irritierend. Unter Umständen wird es dann schon zu spät sein, eines der biometrischen Armbänder des sich *Bedpost* nennenden Start-ups zu tragen, um sich gegenseitig und wohl auch selber nichts mehr über seine sexuelle Befriedigung und Leistungsfähigkeit vormachen zu können. Ein anderes Beispiel ist der (zuerst bei Hewlett-Packard ruchbar gewordene?) *flight risk score*, ein Indikator, der zeigt, ob ein Mitarbeiter oder eine Mitarbeiterin vorhat, die Firma bald zu verlassen. Auch das eine verwirrende Zeitformation, eine aus der Zukunft kommende Zeit, die es schwer macht zu entscheiden, ob es sich einfach um eine korrekte Vorausberechnung (Mitarbeiter, die nach diesem oder jenem suchen, sind mit höherer Wahrscheinlichkeit unzufrieden mit ihrem gegenwärtigen Job) oder um die Herstellung einer solchen Zukunft handelt (statt darauf zu warten, dass ein Mitarbeiter die Firma verlässt, ist es aus Sicht des Arbeitgebers besser, die Initiative zu ergreifen). Wo liegt der Unterschied zu einer *self fulfilling prophecy*, bei der sich nicht sagen lässt, ob sie richtig oder falsch berechnet ist, also zur präemptiven Herstellung einer zukünftigen Gegenwart, die ohne ihre Vorhersage nicht eingetreten wäre?

Aus gegenwartsfixierter zeitgenössischer oder chronologischer Sicht scheint es paradox, wenn ein Anbieter einen als zufriedenen Kunden identifiziert, noch bevor man etwas bestellt hat. Mit einer Basalversion davon nervt Amazon tagtäglich. Seine Algorithmen geben Buchempfehlungen auf Basis früherer Bestellungen oder weil Kunden mit ähnlichem Kaufverhalten sich für diesen oder jenen Titel interessierten. In der Zukunft, die inzwischen Gegenwart geworden ist, aus dieser gegenwärtigen Zukunft also werdet ihr als Käufer von Produkten angesprochen, die ihr mit zunehmender Wahrscheinlichkeit, d. h. mit zunehmender Rechenleistung und Trefferquote, wirklich

»We get preemptive personalization, as when sites like Facebook and Google customize your results without your input. ›Personalization‹ gets stretched to the point where it leaves out the will of the actual person involved.« (Rob Horning)

haben wollt. Die Algorithmen kennen eure Wünsche vor euch. Gut möglich, dass ihr das jeweilige Produkt brauchen könnt. Auch ein Nein produziert nur weitere Daten, die den Algorithmus optimieren. Wie ihr damit umgeht, habt ihr noch nicht gelernt. Ihr seid zu präemptiven Persönlichkeiten geworden, ohne zu wissen, wie sie sich verhält.

Zum Frühstück gibt es Kaffee, Obst und Kellogg's Raisin Bran®, die ihr gestern schnell in einem Cornershop mitgenommen habt. Dann an den Strand. Schwimmen. Vielleicht Marie von dem Entschluss erzählen, jeden Tag Beobachtungen zu notieren, je nachdem, was anfällt, und Gedanken festzuhalten, nicht nur, um besser zu verstehen, sondern auch, um mehr zu sehen. Und nicht wie bei zu publizierenden Texten sich mit dem Feilen an einem wohldurchdachten und geordneten Textaufbau zu quälen. *Livre consubstantiel à son auteur. Vivre comme Montaigne à Miami.*

Samstag 24. September: Minority Report – Zukünftige Gegenwart vs. gegenwärtige Zukunft

Auch heute gleich wieder am selben Fleck Strand, zwei Straßen entfernt von dem Scooter-Verleih, bei dem ihr – nach kurzer Verhandlung – den Scooter auch die restliche Woche werdet parken dürfen; eine Straße entfernt von dem Lokal mit den ausufernd gefüllten Kosher Sandwiches, die ihr heute gleich mit an den Strand nehmt. Routine finden. Ankommenspuffer. Und die gemeinsame Entscheidung, die erste Woche so wenig wie möglich sozial aktiv zu sein, sich erst übernächste Woche im Oktober ins Getümmel zu werfen, wenn du deinen Talk hast und ihr in das Downtown-Apartment wechselt.

In Routinen einfinden. Akklimatisieren. Dazu am besten abwechselnd heiße Sonne tanken und schwimmen, um den ganzen Körper vom (in Miami allerdings wegen des extrem flachen Sandstrands eher warmen) Meerwasser kühlen zu lassen. Vormittägliche Pause vom frühmorgendlichen Schreiben. Hier am Strand meint Schreiben nur das Tippen kurzer Notizen in dein iPhone, das du aber ab morgen nicht mehr mitzunehmen beschließt. Um der Lust zu schreiben willen und der Freude am Schreiben. Freude/Freuden/Freudenstadt zeigt dir dein Notizprogramm (dieses letzte Wort kennt es nicht), und ständig ertappst du dich dabei, den Formulierungs- und Wortvorschlägen dieser App hinterherzudenken. Bevor du noch zum Brustschwimmen kommst, liest du auf deinem iPhone (iPhones/ iPhonesuche) schon Brustkrebs/Brustkrebse. Das macht weder Lust auf Schwimmen noch auf Schreiben und lenkt ab von der Freudenstadt.

Aber du hast andererseits auch kein Interesse an ästhetischen Beschreibungen des Strands von Miami Beach (und dann wohl am besten auch gleich von Marie am Strand von Miami Beach, korrekt vorgestellt, standesgemäß eingeführt, respektvoll dargestellt, hoch leben die journalistischen Konventionen *comme il faut*). Von dem, was du siehst, interessiert dich am ehesten die dir fremde Küstenlandschaft aus Strand und Hochhäusern. Du hörst: das ständige Rauschen der

Wellen und die Geräusche mehrerer Baustellen in unterschiedlichen Entfernungen. Immer wieder Helikopter und kleine Propellermaschinen mit Strandwerbung und Warnungen, wie vor dem momentan grassierenden Zika-Virus. Allein die Tatsache, diese Werbung zu sehen, ärgert dich. Dagegen freut dich die Ansicht jeder der grauen Flugzeugbäuche, die tief über euch und trotzdem langsam durch den blauweißen Himmel schweben, nur um dann jedes Mal schnell hinter den Gebäudeschluchten verschwunden zu sein.

Dir fällt auf, dass du noch gar keinen Miami-spezifischen Geruch anführen kannst. Die krude Mischung aus Sonnenmilch und einer Creme gegen Insektenstiche (unbedingt zu verwenden, hatte einer der besorgten Verantwortlichen des ArtCenter in einer Email geschrieben) kann es nicht sein. Du liegst auf Maries rechter Hand und riechst noch den Essig, den ihr einer der alle paar hundert Meter in bunten Hütten stationierten Baywatcher auf den Arm gesprüht hat. Gegen die kleinen Stiche der Quallen, die bei starkem Wind häufig in Ufernähe getrieben werden, soweit ihr sein spanisch gefärbtes Englisch verstanden habt.

Wer hat dir davon erzählt, dass sich in Rio Touristen und Einheimische darin unterscheiden, dass sich letztere am Strand stets nach der Sonne orientieren? Insofern bist du jedenfalls definitiv ein Tourist mit Blick auf das flache, türkisfarbene Meer. Ihr seid wegen des Wassers und zum Schwimmen hier. Auch deswegen mietet ihr keinen der Liegestühle oder Strandkörbe, die teurer kommen als der Scooter, mit dem ihr in zwei Minuten zu Hause seid. Marie beobachtet, dass auch heute wieder praktisch niemand schwimmt – nicht nur die mit Smartphone und Selfiestick Bewaffneten stehen bloß im Wasser herum.

Eure mehrmaltägliche Schwimmroutine sieht so aus, dass ihr dem Ufer entlang in die eine Richtung schwimmt und dann zurück, mindestens eine halbe Stunde, wenn Marie nicht auf noch mehr besteht. Etwas weiter von den im Wasser stehenden Badegästen entfernt, kannst du eigentlich mit ständig geschlossenen Augen drauflosschwimmend lange Minuten deinen Gedanken nachgehen (außer du riechst Sonnencreme, was stets ein Indikator für eine drohende Kollision ist). Deine Arme und Beine sind schon schwer, du bleibst im Wasser stehen, wartest auf Marie und fragst, wie lange es noch in die eine Richtung geht. Bei der nächsten erzwungenen Pause wirst du ihr von dem Entschluss erzählen müssen, dass hier und jetzt, in und mit (aber nicht über) Miami ein Buch geschrieben werden wird. Musst dann aber noch bis zur nächsten Baywatch-Station durchhalten. Dort klammerst du dich zärtlich an sie, versuchst noch etwas Zeit zu gewinnen und begründest deine Erschöpfung mit der Tatsache, dass Kraulen nun mal viel anstrengender sei. *Wer krault, bewegt sich in einer anderen Welt*, hast du einmal irgendwo gelesen; und vor allem, dass Brustschwimmen nur ein *halbherziger Abschied vom Land* sei. Bei deinem nächsten Zwischenstopp wird Marie auf das komplette Fehlen einer Philosophie des Schwimmens hingewiesen (immer nur Tour de France, Leichtathletik und ständig Fußball; Deleuze über Tennis und Sartre über Skifahren fallen dir ad hoc noch ein, und am Strand haben die Philosophen auch nur über die Gesichter der Badenden nachgedacht oder vom Surfen – also eigentlich von entsprechenden Torsi – geträumt). Ein schwimmendes Denken stellst du in den Raum, das dem Phänomen wirklich auf den Grund geht, den gesamten Körper, Oberarme, Rücken, Beine involviert und das Gleiten in der Materie nicht nur oberflächlich denkt. Das immer wieder aus dem Wasser auftaucht und darin versinkt. So beginnt ja auch sinnigerweise *Miami Vice*, unter dem Wasser, und dann draußen die dröhnenden Motorboote. Seitdem wolltest du einmal hier sein. Nach den Bildern ist vor den Bildern. Persönliche Präemption. Aber heute müsst ihr unbedingt noch einen anderen Film sehen.

MINORITY REPORT An geraden Tagen darfst du den Film bestimmen, an ungeraden Marie, also programmierst du für heute Steven Spielbergs *Minority Report*. Eine Hollywood-Produktion von 2002 mit vielen Abweichungen von Philipp K. Dicks Kurzgeschichte aus den 1950er Jahren, in der der Protagonist, John Allison Anderton, in ständiger Angst lebt, von seiner viel jüngeren Freundin verraten zu werden. (Im Film hat seine Frau ihn dagegen nur verlassen, um der ständigen Erinnerung an ihr verschwundenes Kind auszuweichen.)

Anderton lebt und arbeitet für Precrime, eine Institution, die mithilfe hybrider Mensch-

»This man, John Allison Anderton, was instrumental in the original creation of the Precrime system, the prophylactic pre-detection of criminals through the ingenious use of mutant precogs, capable of previewing the future events and transferring orally that data to analytical machinery.«
(Philipp K. Dick)

Maschinen, sogenannter *precogs*, zukünftige Straftaten verfolgt. Die *precogs* nehmen Bilder der Zukunft wahr, sehr diffus allerdings, weswegen das von ihnen Gesehene erst entschlüsselt werden muss.

Bei der Sichtung der *reports* erklingen immer wieder, wie ein Echo, dieselben massiven Takte aus Schuberts Unvollendeter Symphonie (eine Anspielung auf die sich nie vollendende Zeit der Täter?). Die Déjà-vu-artigen Eindrücke der *precogs* entstammen einer vor(her)gesehenen Zukunft, und damit zeigen sie einen Widerspruch in der Logik jedes blinden Datenglaubens auf. Denn wenn das System funktioniert, bleiben die vorhergesagten kriminellen Taten aus. Handelt es sich also um Déjà-vus *einer* möglichen Zukunft, einer möglichen Zukunft neben *anderen*? Aus diesen radikal divergierenden Zukunftsoptionen – oder vielleicht: *als* diese Divergenz – entwickelt der Film seine Geschichte.

Trotz oder wegen ihrer Präokkupation mit Zukunftsbildern sind die *precogs* in einem andauernden Präsens gefangenen. Ihr Bilderstrom kommt auf mehrfache Weise von der Zukunft auf die Gegenwart zurück. Einerseits, indem Precrime aktiv wird und die zukünftigen Täter, noch bevor sie ihre Tat begehen, (in der heutigen Gegenwart) verhaftet – denn innerhalb der Zeitlogik von Precrime sind sie (immer schon) schuldig (geworden). Andererseits, indem die mögliche Täterschaft den Moment der Tat radikal verändert, denn die in der gegenwärtigen Zukunft schuldigen Täter werden ihre Tat in der zukünftigen Gegenwart nicht begehen (können).

Die (Zeit)Logik von Precrime unterminiert sich also selbst. Damit zeigen sich auch die Grenzen des heute fast unumschränkt herrschenden Regimes von Wahrscheinlichkeit und Vorhersagbarkeit. Und das nicht etwa, weil eine zu große Datenmenge zu verarbeiten wäre. Vielmehr handelt es sich um die qualitative Grenze unhintergehbarer Kontingenz – eine temporale Kontingenz, ein zukünftiger Modus, denn es gibt keine zeitlose Kontingenz. Das ist es, was Anderton, als er selbst in die Fänge seiner eigenen Agentur gerät, begreifen muss. (Seiner Partnerin – »Lisa laughed sharply. ›Risk? Chance? Uncertainty? With precogs around?‹« – will das nicht gelingen.)

Die durch kein probabilistisches Kalkül einholbare Kontingenz taucht dann auf, wenn sich die Differenz von zukünftiger Gegenwart und jeweils antizipierter gegenwärtiger Zukunft nicht mehr als individuelle Verfehlung wegsperren lässt, sondern sich zu einer Systemkrise ausweitet, sodass aus einer möglichen eine unmögliche Zukunft wird. Wenn allerdings ein Individuum um die Gefahr seiner bevorstehenden Tat weiß, davon weiß, dass es die Wahl hat zwischen Gut und Böse, bricht die präkriminelle Ordnung des Zeitkomplexes zusammen.

Precrime oder *preemptive policing* machen ein typisches con-temporary Zeit(miss)verständnis deutlich: den ästhetischen Glauben an eine sich selbst präsente Gegenwart, an die eine wirkliche, von Kontingenz und alternativen Zukunftspfaden unberührte Wirklichkeit. Dagegen läge das Interesse einer Poetisierung der Gegenwart darin, ihre Asymmetrie und Asynchronie zur Geltung kommen zu lassen und Nullkontingenz und Anarchie zu kontaminieren. Poetik als Anerkennung und Herstellung von Differenz. Eine Differenz im Fluss der Zeit markiert zugleich einen Entscheidungsfreiraum, wobei eine Poetisierung die Kreation von etwas Vorhergehendem impliziert, das ebenso real ist wie das, was in der Gegenwart entschieden wurde.

»Der Kernsatz einer (…) weder einseitig zeitphilosophisch noch nur tempustheoretisch denkenden Tempusphilosophie könnte mit John McTaggart lauten: Die Gegenwart war zukünftig, ist gegenwärtig und wird vergangen sein.« (Armen Avanessian)

Der gegenwärtige Zeitkomplex, die aus der Zukunft kommende Zeit, muss aus dieser restriktiven oder (zeit)polizeilichen Umklammerung gelöst werden. Ihr habt noch nicht einmal angefangen, dieses Potenzial auszunutzen. Stattdessen erlebt ihr ein ungebrochenes Vertrauen in diverse Polizeimethoden, die Philip K. Dick vor mehr als einem halben Jahrhundert noch als Science fiction beschrieben hat: das Britische *Behavioural Insights Team*, das *Social and Behavioral Sciences Team* in den USA oder sogenannte *Heat Lists*, auf denen man leicht landet, von denen man aber sicher nicht so leicht wieder gestrichen wird. Und statt der in Gallerte eingelegten *precogs* mit ihrer phantastischen Bildproduktion habt ihr heute Facewatch, die knallharte Datenauswertung der von euch tagtäglich abgesonderten Bilder.

ICH SEHE WAS. WAS – DU NICHT? Das Zusammenspiel von unbewussten oder ihrer selbst nicht bewussten Wahrsagenden – vor allem des einen besonders begabten weiblichen *precogs*, eine inverse Kassandra, die stets voraussagt, was dann doch nicht geschieht – und polizeilichen Eingreiftruppen ist eine präzise Allegorie für den exekutiven Zugriff der zeitgenössischen Gouvernementalität. Darin wird der Raum für abweichendes, unvorhergesehenes, nicht vorherzusehendes Verhalten in dem Maße (aus)geschlossen, in dem jene Differenz ignoriert wird, die durch die rekursive Integration der Zukunft in die Gegenwart entsteht. Wenn das Wissen um die Zukunft rekursiv in die Gegenwart eingeführt wird – die gegenwärtig gewusste Zukunft als ein Teil in das Ganze der zukünftigen Gegenwart –, entstehen neue Optionen. Für diese poetische Differenz lässt die postdemokratische Ausdeutung des spekulativen Zeitkomplexes keinen Raum.

»Unlike government by the law, the ›force‹ of algorithmic government consists in separating subjects from their ability to do or to not do certain things. Its target – as its focus on prediction and preemption attests – is contingency as such.« (Antoinette Rouvroy)

Vielmehr sammeln die staatlichen ›Sicherheitsapparate‹ wie manisch Daten. Fast könnte man meinen, dass präemptive Gewaltvermeidung selbst nur ein Prätext ist für eine ganz andere polizeiliche (Zeit-)Strategie oder Zeitpolizei. Ob etwa der berüchtigte *patriot act* hier in den USA weitere Terroranschläge verhindert hat, ist ebenso unklar wie die Aussagekraft von unter Foltern entstandenen ›Geständnissen‹ oder die friedensstiftende Kraft bzw. der Demokratieexport mittels *preemptives strikes*. Hinter alldem steht eine grundsätzliche negative oder destruktive Haltung gegenüber der aus der Zukunft kommenden Zeit: Gegen eine ausschließlich als bedrohlich und gefährlich empfundene Zukunft muss auf präemptive Weise gewaltsam vorgegangen werden – tatsächlich präemptiv und nicht präventiv, weil die ständig beschworene Gefahr von Terrorangriffen damit gerade nicht verhindert wird, sondern umgekehrt in hohem Maße steigt. Nach jedem Drohnenangriff wird es ein paar Terroristen mehr gegeben haben. Diese neue Temporalität affiziert die geopolitische Makro-Ebene ebenso wie die ökonomische Mikro-Politik eurer alltäglichen Lebenswelt. Die Veränderungen in Computer- und Informationstechnologien ermöglichen auch einen neuen biopolitischen Zugriff auf privates und soziales Verhalten, ein Zugriff, durch den neben den vormodernen Formen von Machtausübung (Disziplin) zunehmend die bekannten kontrollgesellschaftlichen Organisationsformen verabschiedet werden. In diesen Zusammenhang gehört auch die mit 9/11 endgültig dominant gewordene Form medialer Präemption, die Richard Grusin *premediation* genannt hat, eine neue Ausrichtung der Medien immer weniger auf Schon-Geschehenes oder Gerade-Geschehendes, sondern auf eine als Bedrohung geschilderte Zukunft, mit der du hier bei jeder Gelegenheit in den politischen TV-Debatten und Kommentaren konfrontiert bist: Was wird als nächstes geschehen? Wird Trumps Konfrontationsstrategie aus den Vorwahlen auch bei den Zuschauern der anstehenden Fernsehdiskussion verfangen? Steht der nächste Terrorangriff kurz bevor? Wo wird in Zukunft entschieden werden, was zu tun ist? Allerdings überzeugt dich Grusins These nicht, dass die Hauptfunktion medialer Präemption eine Art Traumavorbeugung sein soll. Ist es nicht eher so, dass die Angst vor angeblich traumatischen Ereignissen (Terroranschlägen) medienpolitisch gewollt, vorsätzlich gezüchtet und aufrechterhalten wird?

»(P)re-emption (rather than regulation) of individual and collective behaviours and trajectories appears providential to cope with the complexities of a world of massive flows of persons, objects and information, and to compensate for the difficulties of governing by the law in a complex, globalized world.« (Antoinette Rouvroy)

Deswegen ist es ja auch höchste Zeit für eine neue Art von Geheimdienst – *DISCREET* war und ist eine Aktion in diesem Sinne –, dessen allererste Aufgabe darin bestehen muss, ein von Staatsseite gegen die eigene Bevölkerung gerichteten Überwachungs- und Sicherheitskriegs zu beenden. Wenn man bedenkt, dass der Kal-

»I take up the premediation of the Iraq War, arguing that premediation furnished the media logic of the Bush-Cheney doctrine of pre-emptive warfare. … The aim of the PreCrime Unit is preventive prosecution, which was to become one of the Bush Administration's leading

te Krieg (gegen hunderte Millionen angeblich gefährliche Kommunisten und die reale Gefahr eines Nuklearkriegs) vier Jahrzehnte gedauert hat, dann macht es eigentlich nur noch fassungsloser, dass ihr euch nun schon fast seit zwei Jahrzehnten in einem *war on terror* befindet. Ein nicht zu gewinnender Krieg gegen bis vor kurzem nicht viel mehr als ein paar tausend verstörte Fanatiker, ausgerufen von Geheimdiensten, die damit höchstens sich selber einen Gefallen tun, indem sie sich aus ihrer Existenz- und Legitimierungskrise nach dem Fall der Mauer mit einem neuen wirkungsmächtigen Narrativ befreien.

strategies for tracking down and preventing terrorism in post-9/11 America… In the Bush-Cheney political regime of pre-emptive war, premediation became the dominant media regime. …The idea of pre-emptive warfare has as its counter-part the domestic practice of ›preventive prosecution‹ of terrorists, which is now the official policy of the US government. Like pre-emptive warfare, preventive prosecution aims to stop acts of domestic terror before they happen.«
(Richard Grusin)

Es war Sam Forsythe, der bei der Arbeit an DISCREET zwei Formen von Gefahr unterschieden hat. Einerseits *danger* als Gefährdung durch Akkumulation von Vergangenem. Andererseits *threat* als eine aus der Zukunft kommende Bedrohung. Diese zweite Form von ständiger Angst vor einer naturgemäß nicht fassbaren Bedrohung ist die notwendige Voraussetzung für die Aufrechterhaltung des Status quo eines permanenten Ausnahmezustands, genannt Krieg gegen den Terror.

»Premediation characterizes the mediality of the first decade of the twenty-first century as focused on the cultural desire to make sure that the future has already been pre-mediated before it turns into the present (or the past) – in large part to try to prevent the media, and hence the American public, from being caught unawares as it was on the morning of 11 September 2001.«
(Richard Grusin)

Ständig bevorstehende Katastrophen in einer ohnehin fast ausweglosen und höchst dramatischen Situation: In seiner bisher ungezügeltsten Form praktiziert diese von keinem *fact check* oder Realitätsabgleich gebremste Form paranoider Propaganda derzeit Donald Trump. Auch gestern wieder, in der Bar sitzend – wie fast alle in Miami mit mehreren Bildschirmen ausgestattet –, konntest du dich seinem hochgradig suggestiven Nonsense kaum entziehen. Trumps faschistoider Diskurs ist aber nicht Symptom einer Auseinandersetzung mit einem Trauma, sondern nur Ausdruck einer banalen Verwerfung zentraler Bestandteile von Realität. (Diese post-faktische Dimension macht ihn so interessant; du musst über diese fiktionale Dimension seines Charakters noch aus zeitphilosophischer Perspektive nachdenken.)

Das Gefühl nichts bewegen zu können, machtlos oder von außen gesteuert zu sein, ist die logische Konsequenz einer Unfähigkeit, mit und aus der Zukunft zu manövrieren. ›Die Zukunft kann nicht mehr gestaltet oder beschrieben werden‹ meint also eigentlich: Präemption tritt in dem Maße an die Stelle von Präskription, so wie die Zukunft vor der Gegenwart liegt. Erschwerend kommt hinzu, dass die unterschiedlichen Präventivapparate nur sehr kurze Zukunftshorizonte in den Blick bekommen (exemplarisch: individuelle Konsumentscheidungen, Partnerwahl, kriminelle Handlungen), größere Zeitspannen in unserer komplexen Wirklichkeit aber, zumindest einstweilen, außerhalb ihrer Wirkungsmacht liegen.

Sonntag 25. September: Follow the crowd – iPhone

CRUISEN Ihr cruist mit eurem orangefarbenen Scooter durch Miami Beach. Den Ocean Drive entlang, bis dort im Stau gar nichts mehr geht und es zwischen den glühenden Achtzylindern zu heiß wird. Parallel dazu die Collins Avenue, wo ›volle‹ Beschleunigung von Block zu Block selbst mit 50ccm jedes Mal erfrischenden Wind bedeutet. Abbiegen in die 16th Street hin zu dem schon von Weitem sichtbaren Gebäude: eine Parkgarage als architektonisches Wahrzeichen Miamis. Auch wenn verboten, schlängelt ihr euch an den riesigen Betonkugeln vorbei und fahrt ein paar Stockwerke hinauf, auf der Suche nach dem speziellen Restaurant (Marie), auf der Suche nach diesem Parkdeck, auf dem die vielleicht phantastischste Szene zu Beginn von Michael Mann's *Miami Vice* von 2006 spielt (Armen). Kann aber nicht sein, so Google später, weil der Bau von Herzog & de Meuron erst 2010 fertiggestellt wurde. Auf halber Höhe hält euch ein Parkwächter an, dem ihr als europäische Touristen glaubhaft Unwissenheit vermittelt und der euch trotzdem ermahnt, Richtung Ausgang Lincoln Avenue umzukehren.

Ein Spaziergang durch die Touristenmeile. Nichts für Kulturpessimisten, soviel ist sicher. Dafür der Charme karibischer Temperaturen, wenn es oft nach Sonnenuntergang noch einmal zwei, drei Grad wärmer wird als am Nachmittag, Wolken aufziehen und meist noch etwas Regen fällt. Vorbei an dem Gebäude, dessen Verkauf ihr eure Anwesenheit zu verdanken habt. Die gut angelegten 86 Millionen Dollar geben dem ArtCenter längerfristig finanziellen Spielraum für neue Projekte.

Ein paar Blöcke weiter lauft ihr durch die Ausstellung *AN IMAGE* und diskutiert, weshalb die Farben, Umrisse und Bilder Miamis so nachdrücklich wirken. Ist es die durchgehende Hitze und Feuchtigkeit, mit der eure Körper noch nicht umzugehen gelernt haben, die euch andere Konturen, Umrisse und die Luft selbst sehen lässt? Dann erzählt Marie, was sie über *climatic intelligence* gelesen hat, also etwa unseren Tagesrhythmus an tropische Temperaturen anzupassen. Du bist begeistert von der Idee einer Mimesis an Miami; eine Miamisis des Schreibens (früh aufstehen und schreiben, dann schwimmen, und wenn es zu heiß wird am Strand noch eine nachmittägliche Schreibsession, bevor die langen Abende beginnen können) prophezeist du ihr, und ihr debattiert weiter, ob eure Einkehr in die zwischen den Restaurants verstreuten Geschäfte der klimaintelligenten Körperkühlung dient oder ob es sich eher um das miamitypische Highend-Shopping handelt. Miamisis, dann beim nächsten Besuch vielleicht schon mit *high-tech-fashion*, die eure biometrischen Daten direkt in den Textilien verzeichnen.

I PHONE Immerhin zwei Tage wart ihr ohne ständige Online-Präsenz, was ja hier mit einem strandnah gelegenen Apartment und ohne feste Verpflichtungen kein Problem sein sollte, wie ihr dachtet. Aber vielleicht braucht ihr doch eine SIM-Card, um spontaner Freunde treffen zu können, ein Auto oder einen Tisch in einem Restaurant zu buchen, das ihr ohne Smartphone dann auch nicht finden würdet. *I phone, therefore I am.* Das Smartphone als das entscheidende Vehikel, um (sich) in der Welt zurecht zu finden.

Anders als bei deinen letzten USA-Aufenthalten ist es aber nicht so einfach, einen passenden Anbieter aufzutreiben. Bei einem kann man nur Langzeitverträge abschließen, der andere bietet keine passenden Datenpakete, und die Firma, bei der Kurzzeitgäste wie ihr üblicherweise landen, verfügt nur über neue superschnelle Verbindungen, doch was nützt dir das, wenn deinem angejahrten iPhone die dafür notwendigen Kapazitäten fehlen. Niemand kann euch in diesen Läden hier sagen, was das für die Datengeschwindigkeit bedeutet.

Musst du ein neues Smartphone kaufen? Du musst ein neues Smartphone kaufen! Musst du. Sonst wirst du deines Lebens nicht mehr froh. Du wirst dich, ohne zu wissen wo, verirren, und irgendwann wird deine Arbeit massiv an Effizienz einbüßen, wenn du von unterwegs nicht per Tethering mit deinem Laptop online gehen kannst. Das ist es, was soziologische Beschleunigungstheoretiker als *slippery slope* bezeichnet haben. Beschleunigung als Zwang. Unmöglich stehenzubleiben, ohne langsamer oder gar funktionsuntüchtig zu werden.

Da trifft es sich, dass jede Einkaufsmeile inzwischen einen Applestore hat, natürlich völlig durchdesignt nach den neuesten *social-engineering*-Ideen, die euer aller Begehren in die Mitte des Stores lenken. Dort fasst ihr das neue iPhone7 an und überzeugt euch davon, dass es zum Glück auch ein älteres, nunmehr viel günstigeres Modell tun würde. Ihr geht Richtung Ausgang, und du fragst Marie, ob da nicht auch das Paar vom Strand ist, das am Vormittag zwei Stunden nichts anderes gemacht hat, als bis zu den Knien im Wasser stehend gefühlte 3 Gigabytes an Selfies zu produzieren und denen du dann angeboten hast, noch ein Bild aus größerer Entfernung zu machen. Nur um dann doch nicht zu fragen, ob du dir ihren Selfie-Stick ausleihen darfst.

Das Display des Smartphones ist vielleicht nicht einmal zuerst ein Medium der Selbstdarstellung, sondern dasjenige Medium, durch das sich wahrnehmen und verstehen lässt, was die Welt ist.

Die smarten Geräte bringen die in ständigem Austausch befindlichen Daten an die Benutzeroberfläche. Darüber sind diese selbst zu Wahrnehmungsorganen geworden. Sie zeichnen Augen- und Fingerbewegungen auf, messen, wie lange wer wo(bei) verweilt und wandeln diese Daten in Aussagen über ihre Benutzer um. Vollgepackt mit biometrischen Sensoren, werden Geräte wie der Kindle euch bald genauer lesen als ihr die jeweiligen Bücher. Optische Ergonomie und visuelles Unbewusstes.

»Interfaces präsentieren uns die Welt als Möglichkeitsraum gleichzeitig verfügbarer Datenobjekte … In den letzten Jahren hat sich das Smartphone zur universellen Interface-Technologie entwickelt, die als ständiger Begleiter zwischen physischen Umgebungen und digitalen Datenräumen vermittelt.« (Chris Anderson)

Das iPhone ist symptomatisch für einen Paradigmenwechsel noch auf einer anderen, makroökonomischen Ebene: Es hat als Konsumfetisch das Auto abgelöst. Detroit, die Hauptstadt der amerikanischen Industrie im 20. Jahrhunderts, ist nur mehr *capital of ruin porn*. Das Zentrum liegt jetzt an der Westküste, im Silicon Valley. Wie kein anderer Gegenstand verkörpert das (jeweils neueste) iPhone den schleichenden Wandel der Industrie- zu einer Informations-, Daten- und letztlich Softwaregesellschaft. Auch wenn diese Industrie natürlich weiterhin auf materiellen und materialen Ausbeutungsverhältnissen beruht, ihr zentraler Operator ist *computation*, im etymologischen Sinn ein ständiges Kalkulieren und Zusammendenken (*com-putare*). *Com puta madre*: Denk mit, *motherf*cker*!

Kritischen Stimmen zufolge zwingt ein *computational capitalism* tendenziell alle Lebensbereiche unter das Diktat maschineller Regeln, Datenbanken, Algorithmen. Die oft diskutierte Frage lautet dann, inwiefern die Unterwerfung aller Normen und Werte unter solche Regeln eine akute Gefahr für eure Demokratien bedeutet.

Aber da kommt vieles und zu viel auf einmal zusammen, ein ganzes Alphabet (Algorithmen, Big Data, Computation, etc.) neuer Begriffe einer politischen Theorie auf der Höhe der Technologien des 21. Jahrhunderts. Also am besten der Reihe nach, und nach ›Computation‹ statt ›Demokratie‹ erst einmal ›Digitalisierung‹.

»Whoever has access to quantum computing power will have such an advantage over the control and understanding of information that it could lead to a new kind of arms race. Those who possess quantum computers could in theory predict the stock market,model global weather patterns, make significant advances in artificial intelligence, and have the ability to process and understand vast stores of real-time surveillance data.« (Taylor Owen)

DIGITALISIERUNG Der Medientheoretiker Friedrich Kittler hat schon vor einigen Jahrzehnten postuliert, dass das Digitale – quer durch die unterschiedlichen Medien und Felder (MP3s, digitale Bilder, automatisierter Börsenhandel etc.) – das technische Apriori eurer Zeit ist. Und wie jede Medienrevolution zuvor – die Entwicklung der Sprache, die Einführung der Schrift, die Erfindung des Buchdrucks – führt sie zu apokalyptischen (Über-) Reaktionen.

Nüchtern betrachtet, entstehen auch im Fall der Digitalisierung die Probleme dadurch, dass die jeweils neuen Medien einen *Überschusssinn* (Dirk Baecker) produzieren, ein Zuviel an Sinn, diesmal *an der Schnittstelle von Mensch und Maschine*, auf dessen Verarbeitung niemand vorbereitet ist.

Die sogenannten Big Data tragen diese Überforderung schon in ihrem Namen. Und der verspricht auf den ersten Blick nicht zu viel. Der größte bekannte Geheimdienst-Datenspeicher soll 1 Yottabyte fassen, das sind 10^{24} Bytes. Pro Kopf der Weltbevölkerung macht das etwas mehr als 10^{14} Bytes, also gut 100 Terabyte, das reicht für 10^{7} Stunden (oder mehr als 1000 Jahre) HD-Video. Aber Bedeutung und Wert von Big Data liegen gerade nicht in ihrer schieren Quantität, sondern in der Art und Weise, wie die Daten miteinander korreliert, oder genauer: in einen kausalen Zusammenhang gebracht werden, sowie in den Beziehungen, die zwischen den Daten und Informationen bzw. den diese produzierenden Individuen und Gruppen herzustellen sind. Stück für Stück transformiert Big Data die politische und legale Ordnung, ein Vorgang, dessen zeitliche Genossen ihr schon aus verarbeitungstechnischen Gründen nicht sein könnt.

Ihr lebt zwar zeitgleich mit der digitalen Revolution, seid aber gleichzeitig von ihr überfordert. Dies nicht zuletzt, weil ihr noch nicht über eine zeitgemäße – über eine der Zeit, die aus der Zukunft kommt, gemäße – juridische und politische Theorie verfügt.

Armen googelt nach AfD und Pegida, nach Trump und KKK, aber das sagt nichts über seine politische Gesinnung aus. In Verbindung mit sicher irgendwie vorhandenen Aufzeichnungen zu seiner Unterrichtstätigkeit der letzten zwanzig Jahre können diese Informationen aber kontrafaktische Bedeutung annehmen. Auch die Tatsache, dass er einst in Wien politikwissenschaftliche Seminare zum Thema ›Antisemitismus im Wiener Fin de siècle‹ gehalten hat, lässt noch immer unterschiedliche Interpretationen zu. Seine etwaige antimuslimische Gesinnung könnte ja eine lange und komplexe Vorgeschichte haben, wofür gewiss auch kritische Aussagen über die türkische Politik seit dem weiterhin geleugneten Genozid an den Armeniern vor 100 Jahren als Bestätigung vorhanden wären. Gleich welche Beispielketten du über dich durchspielst, die Daten eines Subjekts unterscheiden sich von objektiven Daten, bspw. die übermorgen zu erwartenden Temperaturen. Und es stellt stets einen entscheidenden Unterschied dar, in welchem Kontext du handelst.

Die Zirkelschlüsse der Computation lassen sich nicht – ganz gleich, wie viel Mühe und Arbeit du investierst – mittels reflexiver Anstrengung durchbrechen, sondern nur mittels rekursiver Vorgehensweisen. Was du gestern von dir gegeben hast, hängt davon ab, was du morgen (damit) tust (aber gut möglich, dass das noch zu defensiv gedacht ist). Die Daten über dich haben an sich geringe Aussagekraft. Sie sind wie leere Hülsen, *shifter*, die nur im jeweiligen Kontext Be-

deutung annehmen, damit aber auch das poetische Potenzial bergen, nicht als das gelesen zu werden, was sie hier und jetzt als sinnliche Evidenz vorgeben (Profil A interessiert sich für den KuKuxKlan und muss mit entsprechenden Informationen beschossen werden). Darin gleichen Daten dem, was Linguisten »deiktische Shifter« nennen: Die Bedeutung von Ich, Hier, Jetzt erschließt sich stets nur situativ aus dem jeweiligen Kontext. Die gerne vergessene sinnliche Ungewissheit von Big Data.

»Our core illusion is that we imagine big data as a substance, like a natural resource waiting to be mined. We use terms like data-mining routinely to reinforce that illusion. Indeed some data is like that. Scientific big data, like data about galaxy formation, weather of flu outbreaks, can be gathered and mined, just like gold, provided you put in the hard work. But big data about people is different. It doesn't sit there; it plays against you.«
(Jaron Lanier)

Montag 26. September: Panel im ArtCenter – Überwachungskapitalismus

INTELLIGENCE AGENCY Heute abend geht es zu Agustina Woodgates Talk im ArtCenter Downtown. Ein Pflichttermin, soll Agustina doch als Stipendiatin über ihren Berlinaufenthalt im Sommer und ihre Mitarbeit bei DISCREET erzählen. Ihre Einladung, am Panel teilzunehmen, hast du höflich und mit schlechtem Gewissen abgelehnt. *No more gigs for free*. Erstens aus prinzipiellen Gründen, denn in der ach so politischen Kunstwelt herrscht das Prinzip der (Selbst-)Ausbeutung wie fast nirgends sonst. Zweitens um nicht auch diese zwei Wochen mit Auftritten zu füllen (Agustina hatte noch eine zweite Einladung parat, und dann kommen vor Ort erfahrungsgemäß immer weitere spontane Anfragen dazu) und also gar keine Zeit zur Erholung zu haben. Oder zum Schreiben. Das ja, wenn es wie in diesen Tagen ausnahmsweise gelingt, immens befreiend ist und das Gegenteil von anstrengender Arbeit.

Aber natürlich wirst du ein paar Worte sagen müssen und wollen. Am besten, du stellst ein paar Thesen zum Thema Überwachung vor und hörst dir an, was es aus der Perspektive von Miami dazu zu sagen gibt. Mal sehen, was an der Idee tragfähig ist, dass ihr eines poetischen Zugangs zu Daten bedürft, statt des vorherrschenden ästhetischen Umgangs, der die Bedeutung ›meiner‹ Daten ›hier‹ und ›jetzt‹ mit sinnlicher Gewissheit festschreibt. Und inwiefern das ein zentrales Thema für Kunst heute sein sollte oder könnte, wenn sich die Kunstproduktion endlich aus ihrem ästhetischen Regiment befreien würde. Nachzeitgenössische poetische Kunst.

ÜBERWACHUNGSKAPITALISMUS Während man als Staatsbürger versucht, auf der Höhe der Zeit zu handeln und zu argumentieren, also gleichzeitig so etwas wie praktische Distanz zwischen euch und den (von euch produzierten) Datenmassen zu behaupten, agieren die realitätsstiftenden Akteure befreit von jedem ethischen und philosophischen Ballast – vielleicht macht sie gerade das so effizient.

Vor allem zwei Klassen von Akteuren sind für die permanente und systematische Vermischung von Daten und Metadaten verantwortlich: einerseits politische Institutionen wie Geheimdienste oder Parteien mit ihren Heerscharen an Wahlprognostikern (bzw. psychometrischen Wahlbeeinflussern), andererseits kommerzielle Agenten wie Versicherungen oder Banken, wobei die ökonomischen und politischen Interessen sich im Zeichen von *surveillance* und *individual targeting* vereinen.

POST-PANOPTISCHES PARADIGMA Möglicherweise seid ihr Zeugen eines Übergangs zu einem post-ästhetischen Überwachungsmodell. Vielleicht ist das bekannte und akademisch breitgetretene Modell des Panoptikons gar nicht mehr paradigmatisch für eure Gesellschaft (Soziologen wie Zygmunt Bauman sprechen von der *post-panoptical power*).

Selbstverständlich ist etwa Videoüberwachung auch weiterhin ein wichtiges Mittel der Kontrolle, aber wie die einschlägigen Forschungen belegen, ist es nur dort effektiv, wo Leute außen vor gehalten werden sollen. Überspitzt formuliert ist es als *ban-opticon* tendenziell das Medium zur Überwachung Nichtgewollter, Ausgestoßener geworden, jener freilich rasant steigenden Zahl als überflüssig Erachteter.

»But a key reason why those commercial and governmental criteria are so imbricated with Big Data is the strong affinity between the two, particularly in relation to surveillance. Big Data represents a confluence of commercial and governmental interests; its political economy resonates with neo-liberalism. National security is a business goal as much as a political one and there is a revolving door between the two in the world of surveillance practices.« (David Lyon)

Finanziell interessanter ist der ›Rest‹ – im Westen immer noch die Mehrheit – der Gesellschaft, der sich nicht mehr mit fixierten Kameras überwachen lässt. Oder genauer: Ihr werdet weiterhin problemlos überwacht (nicht zuletzt weil die meisten von euch ›nichts zu verbergen haben‹), aber das eigentliche Interesse an euch ist kein kriminalistisches, sondern ein ökonomisches. Und die entsprechenden Daten müssen nicht aus einer Fülle an Bildmaterial zusammengetragen werden – ihr produziert sie freiwillig unablässig selbst.

Das post-panoptische Zeitalter hat längst begonnen. Manche sprechen vom Syn-opticon, andere von Data-veillance, was den Bedeutungsrückgang des Wahrnehmungsbereichs schon genauer trifft. Widerstand gegen dieses alte (ästhetische) wie jenes neue Überwachungsparadigma wird sich nur in rekursiver Form hergestellt haben. Das eindrucksvollste Beispiel für *inverse-surveillance* – auch *sous-veillance* (Unterwachung) genannt – sind die tagtäglich online gestellten Videos von Polizeigewalt gegen afro-amerikanische (und vornehmlich männliche) Jugendliche oder die artistischen Bild- und Diskursstrategien rund um #blacklivesmatter. Für den scheinbar befriedeten Rest der Bevölkerung – einer zunehmend schrumpfenden und zunehmend ängstlichen oder aggressiv auf ihre Privilegien pochenden Mittelklasse – sehen die Dinge schon anders aus.

»(T)he praxis of surfing the web is a visual experience of seeing a collection of images, text, videos and animations that are presented in the browser. This is, however, only a portion of the web that is being shown. Concealed in the background are a group of entities called ›web bugs‹, embedded in webpages across the internet, which allow advertisers, search engines, trackers and others to monitor our usage and page choices, in a system of monitoring I will call the ›dark internet‹. This enables a customized webpage to be delivered on the fly, which is personalized to the user, to a marketing group, or to a national population, etc.« (David Berry)

INTERNET-VERÄNDERUNG Die genannten Veränderungen haben sich parallel zu denen des Internets entwickelt. Aber das ist sicher zu fahrlässig formuliert. Denn *das* Internet, dieses Phantasma eines nichtlokalisierbaren virtuellen Raums, existiert ja gar nicht, wie du dir anhand der Veränderungen in den letzten beiden Jahrzehnten in Erinnerung rufst.

Deine früheste Erinnerung geht auf die 1990er Jahre zurück, mit einem österreichischen Internet Service Provider (ISP); Zugang zu einem absoluten, von der sinnlichen Alltagswelt völlig abgelösten Cyberspace erlangte man damals über große Rechneranlagen, die meist im jeweiligen Land verortet waren – das Gegenteil zur heutigen

Lage. Danach, in den Nuller Jahren, gab es eine Bewegung hin zu offenen Seiten wie Youtube, Myspace, Wikipedia; aus dieser Zeit stammt auch noch deine bis heute verwendete kostenlose Email-Adresse.

Die Theorie-Aktivisten Metahaven haben beschrieben, wie sich in der Folge eine zunächst komplementäre, aber zunehmend konträre Ordnung der Cloud etabliert hat, die soziale Medien, Emails, SMS, Finanzdienste und vieles mehr integriert.

Was schon Garant für den populären Aufstieg und zugleich das Defizit von Apple aus Expertensicht war, nämlich eine möglichst weitgehende Verschmelzung von Hardware und Software, wird in der Cloud und mit den für sie optimierten Geräten wie dem iPad zum Prinzip. Sie sind für Nutzer gedacht, die Software nicht verstehen (müssen) und auch unbesorgt darum sind, was mit ihren Daten in der Cloud geschieht, wo sie effizient durchforstet und ausgewertet, analysiert und monetarisiert werden.

»Given this transition, it is no exaggeration to proclaim an exodus from the internet to the cloud. The internet's dispersed architecture gives way to the cloud's central model of data storage and management, handled and owned by a handful of corporations. (…) In the cloud, such ›digital convergence‹ goes even further: data becomes more effectively and thoroughly harvested, analyzed, validated, monetized, looked into, and controlled than in the internet; its centralization is not just one of protocol, but also of location.« (Metahaven)

Das Internet der Apps und sozialen Medien hat wenig mit dem Internet(-Versprechen) des späten 20. Jahrhunderts gemein. Der generelle User agiert nicht mehr in einem weitgehend offenen, rhizomatischen Netzwerk, sondern in einem zunehmend monopolisierten und korsettierten Netz, – ein exemplarischer Fall von Reterritorialisierung, die sicherheitspolitischen und ökonomischen Interessen folgt (welche Daten, Produkte, Menschen bewegen sich wann wohin?) und den schon vor seiner technologischen Erfindung literarisch vielbesungenen Cyberspace (be)trifft.

Dieser Umschlag lässt sich sogar ziemlich genau datieren: Er fällt zusammen mit der Jahrtausendwende. Damals bist du mehrmals im Monat mit dem Eurostar von Paris nach London und zurück gefahren, und irgendwann hast du dich gewundert, warum es nicht mehr möglich war, in England *www.eurostar.fr* aufzurufen, um dort günstigere Tickets zu kaufen.

Erst ein paar Jahre später hast du zufällig irgendwo gelesen, warum. Im Jahr 2000 führte eine Klage gegen Google in Frankreich dazu, dass Nazi-Memorabilia nicht mehr in den Google-Suchergebnissen angezeigt wurden. Seither werdet ihr in Frankreich von google.com automatisch auf google.fr verwiesen. Und auch sonst überall weiß ›das Internet‹ inzwischen über euren Aufenthaltsort Bescheid.

Für die Frage nach einem anderen politischen und poetisch differenzierenden (eben nicht ästhetischen) Umgang auch mit den eigenen Daten und Informationen, ist die Möglichkeit der technologischen Lokalisierung zentral. Damusst du irgendwie noch hin in den nächsten Tagen. Heute früh bleibt dir aber nur noch eine viertel Stunde, bis es um neun Uhr an den Strand geht.

»While it may be viewed as a practical and commercial effort to connect users with languages and local advertisements, the search engine's IP-to-geolocation handling also may be described as the software-enabled demise of cyberspace as placeless space. With location-aware web devices (e.g., search engines), cyberspace becomes less an experience in displacement than one of re-placement—you are sent home by default.« (Richard Rogers)

Mit euren Online-Aktivitäten beantwortet ihr nicht einfach Fragen wie: ›Wer bist du?‹ oder ›Wo bist du?‹, sondern: ›Wo warst du wann?‹ oder ›Wem wirst du wo begegnen?‹. Das kann als Verlust deiktischer Flexibilität verstanden werden. Ihr werdet auf fixierte Ich/Hier/Jetzt-Nullpunkte zurückgerechnet und als Träger fester Nutzer-Profile ansprechbar (›dieser Artikel sollte dich interessieren‹ / ›jenem Posting stimmst du höchstwahrscheinlich zu‹ / ›mit diesem Partner wirst du glücklich sein‹). Die neue Religion des Dataismus nennt Yuval Noah Harari das. Es handelt sich wohl um das, was Linguisten wie Elisabeth Leiss als Denotation bezeichnen: Bedeutung (ein zu jedem Zeitpunkt vollständiges, wenn auch einige Ungereimtheiten aufweisendes Klassifikationssystem) zeigt mit Hilfe sprachlicher Lokalisatoren und der generellen Rekursivität von Sätzen auf einen konkreten Körper. Besonders einengend oder identifikatorisch ist das im Fall von Big Data, die ja gewissermaßen ein militärisch-industruelles Phantasma sind, wenn auch mit verheerend realen Konsequenzen.

Als Individuum ansprechbar sein bedeutet, zu einem bestimmten Zeitpunkt an einem bestimmten Ort lokalisiert werden – und zwar immer schon vorab. Denn euer Datenschatten folgt euch nicht, er geht euch voran. Dieser reziproke Mechanismus verstärkt sich selbst. Und die *customized feeds* und *filter-bubbles* in den sozialen Medien, die tendenziell anderslautende Meinungen herausfiltern und dich mit immer neuen Varianten der (zu) dir passenden (politischen) Ansichten und Interessen bombardieren, tun ihr Möglichstes, damit sich diese Identität weiter verhärtet und verengt.

Dienstag 27. September: Kleine Poetik des Déjà-vu

ENTÄUSSERUNGEN Auf der einen Seite das verschlafene, schwüle, von Palmen und Art Deco dominierte Pensionisten-Miami der letzten Zeitzeugen des großen amerikanischen Jahrhunderts, auf der anderen Seite Batterien mindestens zwanzigstöckiger Condominium-Bauten, Ausdruck des gegenwärtigen, trashigeren, reicheren, gewalttätigeren Miami, dazwischen ihr, mittendrin, auf dem Scooter. Und während ihr euch dem Hafen nähert, schieben sich hinten die Skyscraper des Mainland in die Höhe. Als ob Miami nur wie im Film und immer in Bewegung gesehen werden kann. Oder geht das nur dir so, weil es schon spät war nach dem ausgiebigen Dinner?

Eigenartig viele Déjà-vus hier. Besonders in den Morgenstunden und in der Abenddämmerung ist alles in dunkles Licht getaucht: Die Luft ist grau, fast hellgrau, je mehr Straßenlichter in der Umgebung sind. Und aus dem Grau strahlen die blau, grün und weiß leuchtenden Hochhäuser und Brücken umso deutlicher heraus. Vor allem hängt ab dem späteren Nachmittag ein dickes Rot unter den Wolken, bis tief in die Nacht. Ein Rot, das sich in den feuchten Straßen nicht einfach reflektiert, sondern zusätzlich von unten, von den Warnzeichen, den Bremslichter und Ampeln speist. Miami, die exotischste Stadt Amerikas. Das willst du dann immer gerne glauben.

Wo hast du das alles schon einmal gesehen? Ist es nicht wieder so, als kenntest du das Gegenwärtige aus der Vergangenheit? Würdest du es wiedererkennen, könntest du es identifizieren. Als sähest du die Dinge überhaupt nur (so intensiv), weil sie Erlebnissen von anderswo entsprechen. Und kann es auch Déjà-vus geben, aus denen zu lernen wäre, was ihr hier und jetzt schon wisst? Die euch mehr verraten würden, wenn ihr verstündet, warum sie euch wie Echos von Vergangenem erscheinen?

Sind Gegenwart und Zukunft in (zeit)komplexen Gesellschaften nur wegen der zunehmenden Beschleunigung immer weniger zu unterscheiden, weil die Gegenwart immer schneller in ihre Zukunft übergeht? Oder scheint das nur aus einer chronologischen Perspektive so, wenn man die Frage nach der Richtung der Zeit übersieht? Handelt es sich um eine Verengung des generellen Zeithorizonts oder um so etwas wie eine ökonomisch vorprogrammierte Prädestination? Angesichts einer automatisierten Zukunft würde der Gegenwart einfach die Zeit fehlen, sich anders zu entscheiden. Vielleicht verdeckt der Eindruck von Déjà-vus diese Tatsache.

Gibt es zu diesem passiven, sinnlichen Déjà-vu eine Alternative? Gewiss ist das Gefühl, das Gegenwärtige schon erlebt zu haben – der Eindruck des Immergleichen –, ein Ausdruck des Verlusts einer tatsächlichen Zukunft. Bei diesem Wahrnehmungseffekt stehenzubleiben wäre aber, um einen Ausdruck der frühen Ästhetik des achtzehnten Jahrhunderts zu missbrauchen, ein typisch *ästhesiologischer* (Denk-)Fehler. Was aber wären poetologische oder poetische Strategien?

Eines, wenn nicht *das* Grundprinzip des Kapitalismus besteht darin, seinen zahlreichen Kritikern zufolge, das Einberechnen zukünftiger Gewinne in den gegenwärtigen Preis von diesem und jenem. Über die ökonomische Folie der verwirrenden Déjà-vu-Effekte musst du noch genauer nachdenken – *mehr schreiben musst du, aber nicht jetzt, dir sind schon wieder die Augen zugefallen* –, weil die Frage ja lautet, ob es nicht so etwas wie eine ökonomische Basis dieser Zukunfts-Déjà-vus gibt.

Im Alltagsverständnis bedeutet die Erfahrung eines Déjà-vu die Gegenwart als bereits zuvor erlebte zu erfahren. Bei der Verschmelzung von Gedächtnis und Wahrnehmung handelt es sich also um ein ästhetisches Phänomen. Könnte es sein, dass jene Zukunfts-Déjà-vus poetische Phänomene sind, Ausdruck einer die übliche (Chrono-) Logik der Zeit verwirrenden Interferenz zwischen zukünftiger Gegenwart und gegenwärtiger Zukunft? Diese Dimension übersieht Paulo Virno in seinen spannenden Überlegungen zum Déjà-vu, das er als politisch signifikantes oder symptomatisches Phänomen beschreibt.

»The state of mind correlated to Déjà-vu is that typical of those set on watching themselves live. This means apathy, fatalism… It is impossible to change something that has taken on the appearances of memory. As such, they give up on action. Or, better, they become spectators of their own actions, almost as if these were part of an already-known and unalterable script. They are dumbfounded spectators, sometimes ironic and often inclined to cynicism.«
(Paolo Virno)

Um zu verstehen warum, musst du noch einmal in deinen Exzerpten zu seinen sprachtheoretischen Büchern suchen, was deine zeitphilosophischen Einwände waren. Nur mehr eine vage Erinnerung, ganz und gar kein Déjà-vu. Müde bist du.

Aber wäre es nicht besser aus der Nicht-Erinnerung heraus zu schreiben. Aus und in dieser Erschöpfung schreiben? Vielleicht könntest du das dann mit Deleuze denken, warum keine Gegenwart mehr sie selber ist, sobald eine Vergangenheit mit ihr gleichzeitig ist. Und ob nicht jede Erinnerung Referenzen verschieben kann (was die Vergangenheit ist, was die Gegenwart war oder immer schon Zukunft gewesen sein wird). Ein solches aktives Erinnern wäre kein simples Déjà-vu, es evozierte alternative Gegenwarten hier und jetzt.

Aus der Zukunft erinnern: die implizierte Apokalypse (Textapokalypse? Textdämmerung?). So wie in dem zwei Tage vor der Premiere gefilmten Ende von *Hyperstition* mit Suhail vor dem demolierten Haus der Kulturen der Welt. Mit dem *100 Jahre Gegenwart* Plakat. Melancholie. Dem Schlaf willfahren oder nicht. Denkst du an eines deiner Lieblingszitate von Benjamin.

Aber du bist einfach zu schwach hier und jetzt, morgens um drei Uhr, was sich gerade definitiv wie neun Uhr früh altkontinentaler Zeit anfühlt. Morgen heute einmal länger schlafen. Dafür eine spätere Nachmittagssitzung. Oder einen Tag nicht schreiben, zumindest einen Nachmittag. Pause.

»Dürfen wir sagen, daß alle Leben, Werke, Taten, welche zählen, nie andres waren, als die unbeirrte Entfaltung der banalsten und flüchtigsten, sentimentalsten und schwächsten Stunde im Dasein dessen, dem sie zugehören? … daß jeder sie im eigenen Dasein wieder findet. Nur wenig fehlt, und wir dürften sie eine alltägliche nennen. Sie kommt mit der Nacht, einem verlorenen Gezwitscher oder dem Atemzug an der Brüstung des offenen Fensters. Und es ist nicht abzusehen, was für Begegnungen uns bestimmt wären, wenn wir weniger willfährig wären, zu schlafen. Proust willfahrte dem Schlafe nicht.« (Walter Benjamin)

Mittwoch 28. September: Die Sprache des Semiokapitalismus – Zeit für Bedeutung

SEMIOKAPITALISMUS Ausgeschlafen, Frühstück gemacht, geplaudert, Exzerpte durchgegangen, an den Strand geflitzt, geschwommen, weiter nachgedacht, noch einmal die offene Frage diskutiert, worin aus sprachphilosophischer Sicht das Problem mit den Postoperaisten liegt, die aber – weil in den 1970er und 80er Jahren sozialisiert – wenigstens eine Sprachtheorie haben. In der schon vor Mittag glühend heißen Sonne liegend über den nächsten Seiten gebrütet, klimatische Intelligenz beweisen, also noch einmal schwimmen und zurück ins Apartment. Erfrischt. Kein Weg zurück zur gestrigen, heutigen nachmitternächtlichen Schwäche. Ausgeschlafen und angriffslustig.

Die Verschmelzung von Symbolischem (Sprache, Zeichen), Ökonomie und Politik bezeichnet Franko ›Bifo‹ Berardi als ›Semio-Kapitalismus‹. ›Immaterielle Arbeit‹ lautet ein anderes Stichwort des Postoperaismus, das mit dem ökonomischen Drang zur Überproduktion korreliert. Überproduktion als Zeichen der Zeit, vor allem eine Überproduktion von Zeichen.

Schon in der sogenannten Postmoderne wurde der Überschuss an Zeichen thematisiert, allerdings meist unter dem Signum der Simulation. Heute betrifft die semiotische Hyperaktivität der Gesellschaft die Matrix der Produktion und Wertakkumulation selbst. Produziert wird nicht, was gebraucht wird, sondern was gebraucht wird, ist ständige Produktion – von Zeichen.

Kannst du den diversen apokalyptischen Deutungen dieser Überproduktion eine gelassenere Deutung zur Seite stellen? Dazu bietet sich die historisch-archäologische These an, dass alle großen Umbrüche in der Menschheitsgeschichte von technologischen Revolutionen und wohl auch mit diesen verbundenen Missverständnissen, Fehleinschätzungen und Ängsten einhergegangen sind. Sprache und Sesshaftwerden, Schrift- und Hochkultur, sowie die durch den (zunächst jahrzehntelang als Verbreitungsmittel für die Bibel missverstandenen) Buchdruck mitausgelöste kulturelle Revolution der Neuzeit – jeder dieser Umbrüche brachte einen verstörenden Überschuss an Sinn hervor, der zunächst, und das kann durchaus sehr lange Zeiträume meinen, für Irritationen, ja komplette Überforderung sorgte. Das ist heute, nur wenige Jahre nach Beginn der digitalen Revolution, nicht anders. In bisher unbekanntem Ausmaß seid ihr mit einem Überschuss an Daten und Informationen konfrontiert, den ihr bis dato nicht einmal ansatzweise zu bewältigen wisst. Für die semiotische Überproduktion habt ihr noch keine ausreichenden, und das heißt zuallererst: keine poetischen Mittel gefunden, um diese Daten- und Zeichenexplosion sprachlich zu beherrschen, also den Zeichen eine, eure, eigene Bedeutung zu geben.

Eine der seltenen Ausnahmen einer sprachphilosophisch versierten politischen Theorie bilden eben die italienischen Theoretiker des Postoperaismo (neben Virno und Bifo auch Mauricio Lazzarato oder Antonio Negri), die seit den 1990er Jahren marxistische Überlegungen zu einem *general intellect* mit dem für den Semiokapitalismus entscheidenen Nexus von Arbeit und Sprache verbinden.

Diese neue und in ihrer Tendenz bereits *post*kapitalistische Entwicklung ist dadurch ausgezeichnet, dass Wert oder Mehrwert aus jedweder menschlichen Tätigkeit oder Aktivität gezogen wird. Im Informationszeitalter wird noch die Sprachfähigkeit selbst auf den Markt getragen. Und gewiss ist der Gebrauch der Sprache ein soziales Phänomen, das schon allein deswegen immer eine politische Dimension hat.

»(S)ocial labor is the endless recombination of myriad fragments producing, elaborating, distributing, and decoding signs and informational units of all kinds. Every semiotic segment produced by the information worker must meet and match innumerable other semiotic segments in order to form the combinatory frame of the info-commodity, semiocapital.«
(Franco ›Bifo‹ Berardi)

Jedes Sprechen hat mehr als eine nur mitteilende Funktion. Es aktualisiert auch nicht bloß das Paradigma und setzt es nicht lediglich in eine Wirkung um. Das Sprechen hat zugleich eine potenzialisierende Funktion. Diese Potenzialisierung schafft ihrerseits eine Systematik der Sprache, ein zweites Paradigma. Die beiden Paradigmen umgreifen Sprache in ihrer Virtualität und in ihrer Potenzialität. Während die Sprache in ihrer Virtualität gegeben ist, ist es Aufgabe des Sprechens, die Sprache in ihrer Potenzialität hervorzubringen. Jedes Sprechen realisiert ein Paradigma und schafft zugleich ein neues. Sprache ist nämlich dasjenige Werkzeug, mit dessen Gebrauch ihr Bedeutung herstellt und bei jeder Verwendung unweigerlich wieder andere Bedeutung. Das kann noch spezifiziert werden: Sprache ist ein kollektives Werkzeug, das sich selbst durch seinen Gebrauch verändert.

Aber wie kannst du an dieser Stelle der Gefahr entgehen, genau das zu tun, was du eigentlich vermeiden willst, nämlich dich in komplizierten linguistischen Diskussionen zu verstricken? Vielleicht genügt es ja, nur auf ein problematisches Detail einzugehen: die Annahme eines allen Menschen von Geburt an zur Verfügung stehenden, allen sprachlichen Äußerungen zugrundeliegenden Sprachvermögens.

Sie ist unter Linguisten ebenso weit verbreitet wie sie politisch problematisch ist. Warum? Weil nicht wirklich bedacht wird, dass die Verwendung der Sprache ebendiese Fähigkeit zu sprechen affiziert: Euer Sprechen und Schreiben transformiert die Sprache als Potenzialität. Und zwar als immer schon kollektiver Akt ist eure Sprachverwendung paradigmen- und bedeutungschaffend, und nicht nur Ausdruck eines der Sprache unverändert zugrundeliegenden Vermögens (Potenzialitat).

Die der Sprache inhärente *poiesis*, ihre paradigmenschaffende Kraft, ist auch politisch relevant, insofern sich darüber ein aktives Herstellen von Bedeutung denken lässt.

»Speech acts are contingent and unique. Their succession is unidirectional, conforming to the image of time as an irreversible arrow. But on the other hand, each of these acts is tied to the linguistic faculty, which has remained unchanges since Cro-Magnon. All enunciations, no matter their particular content, always spring forth from the same potential for speech.« (Paolo Virno)

BEDEUTUNG In der Moderne und speziell in der sogenannten Postmoderne haben PhilosophInnen und KulturtheoretikerInnen unzählige zeichentheoretische Analysen vorgelegt. Aber sind diese für die heutige Datengesellschaft noch relevant? Ein Kennzeichen des digitalen Zeitalters ist ja die eigentümliche semiotische Konsistenz von ›Information‹: Dass sie scheinbar unabhängig von jeder individuellen Reflexion und

Kommunikation funktioniert oder aussagekräftig ist und es gleichzeitig zu politisch prekären Festschreibungen kommt.

Was aber, wenn Sender und Empfänger beweglich und aus Informationen nicht wegzudenken sind? Hängt der Sinn einer Aussage auch im digitalen Zeitalter noch davon ab, wer, wann und wo dieses ›Ich‹ ist? Ich, hier, jetzt sind ja Platzhalter, die nur durch den jeweiligen Sprecher zeitweise gefüllt werden und zudem vom jeweiligen räumlichen Kontext abhängig sind. Davon, dass die (semantische) Bedeutung von Aussagen, Informationen oder Zeichen nicht unabhängig vom jeweiligen Sender und Empfänger zu verstehen ist, abstrahieren die Algorithmen.

»A semiotic regime is repressive when one, and only one, signified is ascribed to each signifier. Whoever fails to interpret the signs of power in the right way, doesn't wave at the flag or respect their superiors, and breaks the law, is in trouble. However, the semiotic regime we find ourselves in as inhabitants of the semiocapitalist universe is characterized by an excess of speed of the signifiers and stimulates a sort of interpretative hyperkinesis.« (Franco ›Bifo‹ Berardi)

Bei der in Silicon Valley anscheinend weithin grassierenden impliziten Annahme, dass die digitalen Informationen des 21. Jahrhunderts keine Interpretation mehr benötigen und dass auch ihre Sender de facto ausgeklammert werden können, handelt es sich vielleicht um kruden Datenbehaviourismus (Antoinette Rouvroy), eine Mystifizierung von Daten, welche die psychologischen Motivationen und Erzählweisen der aussagenden Subjekte ignoriert und glaubt, deren Botschaften keiner (hermeneutischen) Interpretation unterziehen zu müssen.

Diese Art von Computation prozessiert gar keine sprachlichen Zeichen, sondern verknüpft nur Signifikanten mit Referenten. Bedeutung (Signifikat) entsteht aber erst durch Vermittlung externer Diskurse. Von daher unterscheiden sich die Computersprachen von den sogenannten natürlichen Sprachen. Um so etwas wie Bedeutung

»To what category of sign or signal do the raw ›big data‹ forming the texture of algorithmic rationality belong? What is their relation with the ›things of the world‹ of which they are taken to be a ›sign‹ or ›signal‹ of?« (Antoinette Rouvroy)

hervorzubringen, bedarf es sprachlicher Systeme (mit externen Interessen). Ist es vielleicht so, dass ihr gar nicht signifikant seid für die Computation, dass ihr nur dieser Täuschung unterliegt, wenn die von euch produzierten Daten von draußen wieder auf euch zurückkommen, etwa in der Gestalt von Polizei und Werbung?

Die Frage lautet, ob *edge rank*, *page rank* oder wie immer die jeweiligen Algorithmen von Google, Facebook und Konsorten heißen, eure Daten festschreiben und euch zu dem machen, was ihr laut deren algorithmischen Berechungen immer schon sein oder werden müsst. Oder könnt ihr euch eure Daten aneignen, sie in euer Wissen (über euch selbst) integrieren und ihnen eine andere zukünftige Bedeutung geben? Lautet eure Aufgabe heute dementsprechend Bedeutung und Sinn überhaupt erst herzustellen aus den von euch (bewusstlos) abgesonderten Daten? Und wie wäre das anders möglich denn mithilfe (der poetischen Kraft) von Sprache, dem Betriebssystem eures Gehirns (bei dem es sich nicht einfach um eine gegenüber Computersoftware zunehmend inferiore Variante eines Problemlösungs-Algorithmus handelt)?

»Software has become our interface to the world, to others, to our memory and our imagination — a universal language through which the world speaks, and a universal engine on which the world runs.«
(Lev Manovich)

Statt wie die ästhetischen Modernen zu versuchen, sich der Bedeutungsproduktion zu entziehen, oder umgekehrt sich weiterhin in postmoderne Phantasien eines rein simulatorischen Cyberspace zu flüchten, geht es in eurem neuen, alten, in eurem anderen und alter-modernen Zeitkomplex darum, die Daten mit neuen Bedeutungen zu versehen. Gut möglich, dass es euch gar nicht viel sagen würde, wenn alle von euch erzeugten Daten vor euch ausgebreitet würden. Aber ihr könntet Sinn oder Bedeutung – die ja nicht individuell sind, sondern Klassifikationssysteme – aus ihnen produzieren, indem ihr sie in euer Wissen von euch selbst integriert. Oder ist das alles noch oder wiederum zu humanistisch gedacht, die andauernde Hoffnung eines liberalen Subjekts, in der menschlichen

Sprache eine andere Form von Rekursion, Computation und Bedeutungsherstellung zu verorten?

POETISIERUNG Aber es ist doch so, dass ein Algorithmus sein Handeln nicht versteht, was freilich seiner Wirksamkeit und Effizienz keinen Abbruch tut. (Tragen die jeweiligen Programmierenden dafür Sorge?) An und für sich sind Algorithmen nicht signifikant. Auch wenn ihre Fähigkeit, die eigenen Outputs wieder als Inputs zu verwenden, eine Unvorhersehbarkeit erzeugt, die gerne mit Signifikanz verwechselt wird, bekommen Algorithmen erst durch die Art und Weise ihrer Instrumentalisierung Bedeutung. Geschlussfolgert wird innerhalb eines Möglichkeits- oder Wahrscheinlichkeitsparadigmas, von bereits etablierten generellen Annahmen (dem Allgemeinen) auf einzelne Fälle (das Singuläre), also deduktiv, oder umgekehrt induktiv von den scheinbar privatesten Wünschen einzelner Staatsbürger auf deren generelle Weltsicht. Mit wirklich neuen oder, mit dem Erfinder der Semiotik Charles Sanders Peirce gesprochen, abduktiven Schlussformen, wird nicht gerechnet. Auf ›programmatischer‹ Ebene stellt sich die Frage, ob es auch andere, eröffnende, Normen schaffende oder neue Universalien entwerfende Algorithmen geben kann, statt diese ständig auf das Verteilen immer neuer unnötiger Produkte zu programmieren. Wie wäre eine entsprechende universelle Akzeleration zu denken, die in das Bestehende eine Differenz einschreibt, also die vorhandene Sinnlosigkeit und kontrollierte Zirkularität durchbricht?

Nicht nur auf der Ebene der Programme selbst, auch ausgehend vom einzelnen Subjekt muss es Möglichkeiten geben, Bedeutung herzustellen. Wie lässt sich beeinflussen, ob und welche Bedeutung die über euch gesammelten Daten bekommen? Etwa indem ihr versucht, die vorhandenen Daten für euch bedeutend zu machen, also ›Daten an sich‹ in ›Daten für mich‹ zu verwandeln? Damit die über euch vorhandenen Daten nicht an euch vorbei nur für andere Bedeutung

»Deduktion beweist, dass etwas sein muss; Induktion zeigt, dass etwas tatsächlich wirksam ist; Abduktion legt nur nahe, dass etwas sein kann.« (Charles Sanders Peirce)

gewinnen, müsst ihr versuchen euch in den Prozess der Bedeutungsgewinnung einzuschreiben.

Dieser poetologische Imperativ hat eine ethische oder politische, ja letztlich ontologische Dimension. Die tatsächlich zeitgenössische Aufgabe, die Welt zu verstehen, fordert Subjekte auf, sich selbst als Teil jenes Prozesses zu begreifen, über den Referenz erzeugt wird. Zeitgemäßer Zeitgenosse seiner Datenwelt kann nur werden, wer in ihr interveniert. Offensichtlich handelt es sich hier um eine poetische Aufgabenstellung, und zwar gleich, ob auf individueller oder gesamtgesellschaftlicher Ebene: Wie gelingt es dir, dich bewusst in die Daten einzuschreiben?

POETIK DES DIGITALEN Der poetische Anspruch, die objektiven Daten rekursiv in das Subjekt zu integrieren, ist auch so zu verstehen, dass das Subjekt, das die Dinge sinnvoll findet (oder nicht), mit einzubeziehen ist: rekursive Transformation sowohl des integrierten Teils als auch des Ganzen, Transformation des Subjekts wie des Objekts. Eine produktive Poetik muss darauf drängen, dass sich Dinge selbst verändern und Ich an ihrer Veränderung teilhat. Poetik ist so verstanden diejenige Produktion, die einen Raum der Wahrheit (und das meint immer auch: einer politischen Wahrheit) eröffnet.

Um einen poetischen Vorgang handelt es sich auch, wenn automatisch zirkulierende Daten – oder weniger abstrakt gesprochen: die Sinnlosigkeit der Welt – per Code in Dinge verwandelt wird. So verstanden ist Poetik eine Überlebenstechnik im kognitiven Semiokapitalismus, und zwar indem ihre traditionellen – bzw. die von ihr disziplinierten – Verfahren weitreichend neue Bedeutung erlangen.

A tool always implies at least one small story (David Nye). Das gilt nicht nur für die fundamentale Rolle von sprachlicher *poiesis*, sondern auch für Erzählen, Lesen und Imagination. Zunächst einmal ist jede Technologie, auch die digitale Informationstechnologie, überladen mit narrativen Zuschreibungen und Projektionen. Deswegen ist auch Skepsis angebracht gegenüber Beschreibungen des Internets, die seine Transformation in den letzten Jahren einseitig als Verlust seiner (ursprünglichen?) narrativen Dimension beklagen.

Vielleicht ist es ja gerade die harsche Trennung zwischen Sprache und Information, zu der du auch manchmal tendierst, die die politischen Optionen unnötig reduziert. In einem poetischen Ansatz können Sprache und Information statt als Gegensatz eher als Verwandte eines einzigen semiotischen Universums verstanden werden. In diesem semiotischen Universum geht es aus ethischen genauso wie aus politischen Gründen darum, Informationen nicht nur per Computation zu verarbeiten, sondern Verstehen zu produzieren.

Weder sind die rekursiven Fähigkeiten sprachlicher *poiesis* angesichts der neuen Medien außer Kraft gesetzt, noch ist die Erneuerungskraft des Erzählens erschöpft. Allerdings bedarf es Alternativen zu dem traditionellen ›Es war einmal‹, das wie in zwanghaften idealistischen Bildungsromanen alles Disparate in ein kohärentes Ganzes zwingen will. Wäre es nicht besser, der zunehmend automatisierten Prozessierung von Information verwirrende Lektüren und alternative Narrative entgegenzusetzen? Auf die umfassende Datafizierung mit Datafiktionen zu reagieren, die den Einzelnen und seine Daten nicht mathematisch oder statistisch subsumieren, sondern deren Referenz auf die Welt verschieben? Ein solches poetisches Lesen – von Daten, Informationen, (vermeintlichen) Tatsachen – hat nichts mit einem passiven Auflesen von bereits Vorhandenem zu tun.

»For engines, the question reads, Which sites are toward the top and liable to be seen and clicked, and which are buried? For directories, the question became, Why are particular sites not listed in a given category? By asking these questions, researches took up the politics of inclusion and exclusion. They left behind the storytelling, pathway web from hypertext and literary theory, and entered the study of information politics.«
(Richard Rogers)

Vor einer Woche hast du zu schreiben begonnen. Aber das Gefühl ›über den Berg zu sein‹ mit dem Text, die Sicherheit, dass es ein Buch wird, werden kann, oder nunmehr werden muss, dass das nicht mehr aufzuhalten ist, dieses Sicherheitsgefühl stellt sich nicht ein. Auch wenn zwischendurch beim Schreiben Inseln des Enthusiasmus aufgetaucht sind. Das aber auch beeinflusst von allem, was sonst noch so passiert. Wieviel Sonne du tankst, wie sich dein Körper langsam an das viele Schwimmen und die tropischen Temperaturen gewöhnt hat, wie es mit Marie läuft (von der hier dann doch wieder kaum die Rede ist, als ob euer Tag&Nacht-Zusammensein und eure Gespräche nicht den Hauptteil dieser Miami-Beach-Intervall-Existenz ausmachen würden), und laufend gute Neuigkeiten vom alten Kontinent. Anfragen zur Übersetzung aus Frankreich und Spanien, Interesse am Universitäts-Buch. Die bald erscheinende englische Übersetzung wolltest du nach dem enthusiasmierenden Treffen mit dem Grafiker Till Wiedeck hier ›im Urlaub‹ unter dem Eindruck all seiner Gestaltungsideen noch einmal durchgehen.

Am besten einfach immer weiter schreiben.

Donnerstag 29. September: Von Null auf Vorher – Präsentismus

Du liest noch einmal die gestrige Email von Thom Bettridge, der dich vor kurzem für das Fashion-Magazin *032c* interviewt hat.

»I've told you Miami is my secret writing paradise! I have an uncle who lives north of the city. He writes about whiskey for glossy magazines, and once penned a book about bbq.
I'm pretty unfamiliar with the city itself. But one thing I've always liked to do is walk through the lobby and sneak into the pool at the Delano Hotel in South Beach. In my experience, if you order one drink, they will let you sit there for hours.
All the best, Th«

Heute Nachmittag also Expedition Swimming-Pool in Richtung 17th Street und Collins Avenue. Zur Unterstützung hast du das Badezeug aus dem Rucksack in deinen vor ein paar Jahren in New York gekauften Dries van Noten Weekender gepackt. Sieht edel aus. Und sollte die Chancen, bis zum Pool vorzudringen, immens erhöhen.

Von der 6th Street geht ihr den Strand entlang. Die Badegäste sehen, je länger ihr geht, definitiv immer fitter aus. Sie senden andere soziale Markierungen aus, von *working* über *middle* bis zu *upper class* (sogar die Luftfeuchtigkeit wird unter den Palmen des Delano-Pools nachlassen, bildest du dir ein). Als ob ihr durch einen sozialen Aufstieg stapft. Oder täuschst du dich, weil du die Zeichen nicht lesen kannst und außer den fast nackten Körpern, Badekleidung und ab und an ein paar Gesprächsfetzen keine Anhaltspunkte hast?

Zwischen dem hundert Meter breiten Strand und dem Ocean Drive liegt der *Lummus Park* mit den üblichen Demonstrationen des dauersommerlichen Körperkults: Skater, Beachvolleyballer, Bodybuilder und total overdresste Radfahrer – Miami *Mamils*, *Middle Aged Men In Lycra*. Auf mehreren kleinen Plätzen stehen Trainingsgeräte, sogar Hanteln. *Miami Beach: Forever young and healthy*. Am interessantesten die zahlreichen Jogger, fast alle mit Smartgeräten in der Hand, am Handgelenk, am Arm, die irgendein ›auf sie persönlich‹ zurechtgeschnitztes Programm abspulen. Von ihren Parcours durch den Park senden sie ihre Daten, die mit ihnen gemeinsam durch irgendwelche Serverfarmen laufen, in die Cloud (und von dort zurück auf die Displays – auch hier handelt es sich um rekursive Verfahren, die sowohl optimieren als auch die Optimierung optimieren, also metonymisch vorgehen). Du darfst dich also nicht von der Oberfläche täuschen lassen. Die ständige Aktivität zielt auf das Leben als solches. *Du musst deine Blutwerte ändern.* Unter der ostentativ präsentierten Haut geht es um Herz und Kreislauf, Metabolismus, um das gesunde Leben, harte Arbeit, um die Herstellung eines anderen, biopolitisch korrekten oder korrigierten Körpers, kurz, um poetische Strategien. Und eigentlich müsste dem ja auch ein anderes Zeitmodell entsprechen, über das ihr als die Protagonisten euch noch nicht ausreichend im Klaren sind.

Von der Alltagskultur bis in euer aktuelles Finanzsystem reicht eine ideologische Matrix, die ohne Probleme miteinander und in sich selbst widersprüchliche Phänomene – Jetztkult, Geschwindigkeitsemphase, Gegenwartsbeschwörung – kombiniert. Dieses letztlich ästhetische Zeitverständnis, mit seiner Emphase auf Gegenwart, d. h. auf sinnlich Wahrnehmbares, auf alles der Wahrnehmung hier und jetzt Zugängliche, diese Ideologie ist so dominant, dass es schwerfällt, ihr poetische Strategien entgegenzusetzen, die nicht sofort wieder als Aufhübschung missverstanden werden.

Nichts gegen Schönheit. Und auch gegen Luxus werden dir unter den Palmen des Delano-Pools keine glaubwürdigen Argumente eingefallen sein. Du erinnerst dich an Adornos fragwürdige Verteidigung seines Faibles für die Aristokratie und an Highlights aus *private clubs* in deinen Londoner Jahren. Dass es hinter diversen Türen, Filtern und Aussortierungen manchmal Nächte gibt, an denen eine Ahnung davon aufkommt, wie sich ein Leben außerhalb von Besitz und Angst, Eigentum und Geld anfühlen könnte. Wenn sein Champagner auch deiner ist, deine Drogen auch ihre und irgendein reicher Sammler die Rechnung schon bezahlen wird. Dann ist alles andere draußen fast vergessen. So deine Erinnerung, deren Rechtfertigung du jetzt mal lieber gleich Teddys Spleen für Aristokratinnen in die Schuhe schiebst.

Hier in South Beach bezahlt ihr für eure überaus angenehme zwischenzeitliche Nobel-Existenz in Dollars. Ihr werdet am Ende des langen Nachmittags im Delano Beach Club ziemlich genau eine eurer noch extrem günstigen Berliner Monatsmieten für Spa, Massagen (deine allerallererste), Cocktails, *detox-smoothies* sowie ein allerdings vortreffliches Omelett ausgegeben haben. Und irgendwann wird dir am Pool dämmern, dass du keine Argumente gegen Schönheit und Luxus (den Luxus der Schönheit, die Schönheit des Luxus?) wirst entwickeln können, sondern nur gegen die von den ausgepowerten und unsexy Nachfolgern des einstigen Grand Hotel Abgrund (so Lukacs über die Frankfurter Schule von Adorno&Co) akademisch auch noch nobilitierte Ästhetisierung.

ÄSTHETISIERUNG Am besten, du beginnst mit ein paar bekannten Kritiken an der allgemeinen gesellschaftlichen Ästhetisierung. Gegen die damit einhergehende politische Komplizenschaft hat zum Beispiel Alain Badiou das Konzept einer Inästhetik starkgemacht und – in guter platonischer Tradition – von der Pflicht gesprochen, eure voyeuristische Gegenwart zu *entbildern* (*désimager*). Aber was wäre damit gewonnen? Ist wirklich die Fülle an Bildern das Problem? Sicher ist das der auffälligste Aspekt einer umfassenden Ästhetisierung, diese macht allerdings nicht an der Oberfläche Halt, sondern durchdringt eure Lebenswelten, euer Denken und (politisches) Handeln.

Die öffentlich zur Schau gestellte Arbeit am eigenen Körper ist nicht von einer allgemeinen Ästhetisierung zu trennen, die nicht nur Tourismuszonen wie Miami erfasst. Alle Städte stehen diesbezüglich inzwischen in Konkurrenz miteinander: Wo gibt es mehr Sehenswürdigkeiten? Welche Stadt hat den höheren Erlebnisfaktor? Über die spezifische Temporalität dieser Erlebnisökonomie musst du noch nachdenken; es handelt sich jedenfalls um eine Ökonomie nicht nur in einem metaphorischen Sinn. Ja, ihr erlebt sogar eine Ästhetisierung und Verkunstung der Wirtschaft selbst. Mit gutem Grund ist von einer *artification* der Ökonomie gesprochen worden. Das betrifft die Produktion nicht anders als den Konsum von Produkten.

Selbstverständlich entspricht der Verkunstung von Produktion und Konsumtion auch ein neuartiges (Arbeits-)Subjekt: nicht mehr der austauschbare Fabrikarbeiter oder das Klischee des charakterlosen Bürokraten, sondern der *creative producer of new values*: anpassungsfähig, innovationsfreudig, agil und immer offen für neue Eindrücke und Ideen.Was praktisch alle Ästhetisierungstheorien, so unterschiedlich sie historisch und politisch argumentieren mögen, teilen, ist die Beobachtung einer neuen Entwicklungsstufe, deren Beginn wiederum nicht zufällig in den 1970er Jahren angesetzt wird. Der alte romantische Traum war derjenige von einer Vernunftmythologie oder von der künstlerischen Stiftung einer neuen Gemeinschaftsreligion und ihre Beschwörungen einer (tendenziell elitistischen Gegen-)Sphäre der Kunst. Diese utopistische Ästhetisierungsidee war, ebenso wie Nietzsches vielzitierte Provokation, dass die Welt nur ästhetisch zu rechtfertigen sei, gegen eine als zunehmende Einschränkung empfundene industriegesellschaftliche Rationalisierung gerichtet. Die nach der kulturellen Revolution der späten 1960er und frühen 1970er Jahre erfolgende Ästhetisierung dagegen ist keine Reaktion *gegen*, sondern Ausdruck und Triumph eines selbst zunehmend ästhetischen Kapitalismus bzw. Post-Kapitalismus.

PRÄSENTISMUS Den Ursachen für die oft beschriebenen Phänomene kommt nur näher, wer sie als Teil der für den Spät- und Postkapitalismus gleichermaßen gültigen (ästhetischen) Erfahrungsökonomie versteht. Aber solange du dir ihre Temporalität nicht klarmachst, werden sich deine Beobachtungen von der üblichen einfältigen Nostalgie (dem Lamentieren über die ständige Hyperpräsenz und Erreichbarkeit) oder

»Such consumption is not limited to the commodity object – the gold iBook rather than the clunky black plastic PC – but extends to the conditions for urban reorganization. It's well recognized that redevelopment via gentrification is now led – and mobilizes – art scenes, which is not just a matter of converting low-cost properties into higher prices but also of validating these higher prices by the artification of the area, in which the unconventionality of art is not only tolerated but moreover affirmed in general« (Suhail Malik)

»Ich bin nun überzeugt, daß der höchste Akt der Vernunft, der, indem sie alle Ideen umfaßt, ein ästhetischer Akt ist und daß Wahrheit und Güte nur in der Schönheit verschwistert sind. Der Philosoph muss ebensoviel ästhetische Kraft besitzen als der Dichter. Die Menschen ohne ästhetischen Sinn sind unsere Buchstabenphilosophen.« (Georg Wilhelm Friedrich Hegel oder Friedrich Hölderlin oder Friedrich Wilhelm Joseph Schelling)

einer kulturkritischen Seichtigkeit (dem Wettern gegen Körperkult und Narzissmus generell) nicht unterscheiden. Welche Zeitlichkeit steht also hinter den jeden Tag am Weg zum Strand um euch kreisenden Skatern und Joggern? Wie erlebt ihr die neue komplexe Zeit, eine Zeit, die nicht mehr einfach chronologisch von der Vergangenheit in die Zukunft fließt? Oder vielmehr: Was bedeutet es, dass ihr gar *nicht erleben könnt*, wie dieser neue Zeitkomplex in euren komplexen Gesellschaften im großen Maßstab technologisch implementiert wird?

Der jüngste Entwicklungsschritt der Gegenwartsobsession ist das Phänomen des life-logs. Lifelogger oder Lifebloggerinnen tragen Aufzeichnungsgeräte mit sich, um so viel wie möglich von ihrem Leben, am besten jeden einzelnen Moment, zu speichern. Die Intention mag sein, sich besser für die Zukunft zu wappnen, etwa genaueste Kontrolle über die eigene Gesundheit zu haben. Andererseits wird das Gewicht der Vergangenheit immer stärker, je mehr Gegenwart aufgezeichnet wird. Lifelogger oder VLogger bilden technologische (bzw. hauptsächlich für technische Filter oder Lektüren konzipierte) Archive von bislang unbekanntem Ausmaß. Jeder Ort, an dem sie sich zu einer bestimmten Zeit aufhalten, ist darin verzeichnet, und zwar ohne jedweden poetischen Filter, wie er in Autobiographien oder Tagebüchern greift.

Wie kommt es, dass trotz dieser Zunahme an Vergangenheit den individuellen Bio-Archiven jede geschichtliche Dimension fehlt? Denn in ihnen spielt Zeit nur am Rande – als individuelle Zeit der Selbstoptimierung – eine Rolle. Ist es gegen die Privatisierung der Zukunft und nach dem Verlust der zeitlichen Gerichtetheit der Moderne, die ihr Erklärungsmonopol lange verloren hat, überhaupt noch möglich, wieder ein emphatisches Verständnis von Zukunft zu entwickeln?

Grund zur Beunruhigung gibt es allemal. Es sind ja nur einige wenige Firmen, die die Daten fast aller großen Datenkraken verwalten. Ihr Anspruch muss konsequenterweise lauten, die zeitlichen Dauerbegleitung mit einer ebenso umfassenden räumlichen Einordnung zu begleiten, also über einen ›*360 degree view*‹ auf immer grö-

»Time is money and acceleration is synonymous with competitive advantage. Real-time isn't fast enough: predicting what will happen next is the real ambition, moving from predictive to prescriptive analysis.«
(Sogeti)

ßere Bevölkerungsgruppen zu verfügen. Aus den vergangenen Orten lassen sich Vorhersagen treffen darüber, wo ihr euch als nächstes hinbewegt, und das umso präziser, je mehr über euer Sozialverhalten – etwa wo sich euch bekannte Personen vornehmlich aufhalten – bekannt ist.

Unterschiedliche Zeitlogiken spielen hier zusammen: eine Bewegung aus der Zukunft, blinde Geschwindigkeit, manischer Präsentismus und die Logik des Präemptiven.

»Google Now – Die richtigen Informationen zur richtigen Zeit. Sie erhalten Karten mit hilfreichen Informationen für Ihren Tagesablauf – und das sogar, bevor Sie danach suchen. ... Mit Google Now wissen Sie immer genau, was heute auf Ihrem Terminplan steht, wo Sie hinmüssen und wie Sie dort am besten hinkommen. Ergebnisse ihres Fussballteams.« (Google)

Der dabei entstehende Zusammenhang zeigt sich paradigmatisch an Googles einschlägigen Unternehmungen, insbesondere *Google Now*, das den (irreführenden) Gegenwartsfanatismus schon im Namen trägt und genau mit der besprochenen algorithmischen Vorhersagekraft beworben wird, die aus den vergangenen Handlungen der Nutzer auf deren Zukunft schließt. Als ob gegenwärtige Zukunft und zukünftige Gegenwart restlos miteinander zu verrechnen wären.

Wenn die entsprechenden Komplikationen übersehen werden – wie es in den Analysen der auf Gegenwärtigkeit fixierten kritischen Ästhetiker meist der Fall ist –, dann ist das nicht nur ein (erkenntnis)-theoretisches, sondern ein eminent politisches Problem. Die (scheinbare) Fixierung auf die Gegenwart bedeutet eben jenen neuen politisch-ökonomischen Kräften auf den Leim zu gehen, die diese Gegenwart produzieren und gestalten. Leider huldigt ein Großteil der Linken weiterhin jenem überkommenen präsentistischen Erfahrungskult, den sie der von uns allen vielbesungenen neoliberalen Ökonomie vorwerfen (obwohl sie ihn selbst mit hervorgebracht haben).

Die intellektuelle Debatte folgt dabei oft Guy Debords Klassiker über *Die Gesellschaft des Spektakels* und beklagt eine durch Warenkonsum und Massenmedien verunmöglichte authentische Erfahrung, darin kaum unterschieden von Konservativen, die nicht zufällig meist derselben sozialen Schicht entstammen (bevorzugte Parteipräferenz: grün). Der kritische Fokus auf Präsenz und (ästhetische) Erfahrung zeigt sich exemplarisch in der sogenannten zeitgenössischen oder Gegenwartskunst, die vor lauter kritischer Reflexion (mit zeittheoretischer Notwendigkeit) keine Traktion mehr in einer zunehmend aus der Zukunft gesteuerten Gegenwart bekommt.

»Während die [an die Tradition der Arbeiterbewegung anschließende] Sozialkritik primär auf die Lösung sozioökonomischer Probleme durch Verstaatlichung und Umverteilung zielte, kreiste die Künstlerkritik um ein Ideal der individuellen Autonomie, der Selbstverwirklichung und der Kreativität, das im Widerspruch zu allen Formen hierarchischer Machtverhältnisse und sozialer Kontrolle steht.«
(Luc Boltanski)

Grob lassen sich zwei Ausprägungen des zeitgenössischen Präsentismus ausmachen, die sich einerseits diametral unterscheiden, andererseits in ihrer apokalyptischen Einschätzung der Situation treffen. Die eine starrt gebannt auf das bevorstehende Ereignis der Singularität, die (Macht-)Übernahme der Maschinen und künstlicher Intelligenz, das Ende aller menschlichen Gestaltungsmöglichkeiten in einer unsteuerbaren Gegenwart. Zukunft und Möglichkeit, Tempus und Modus, fließen ineinander. Auch wenn der Einfluss der Vergangenheit auf die *post-singularity*-Gegenwart aufgehoben ist, bleibt ›Zukunft‹ hier völlig opak, und die zukünftigen Gegenwarten hängen von Ereignissen ab, die erst stattfinden müssen.

Die andere Position betrauert die mit dem Aufstieg des Neoliberalismus einhergehende technologische Synchronisierung des Bewusstseins und setzt einen naiven Humanismus dagegen. Naiv deswegen, weil sich die gegenwärtigen Technologien und ihre Effekte sicherlich nicht mit gutherzigen Plädoyers eskamotieren lassen.

»Das Rund-um-die-Uhr-Prinzip stellt den Wahn einer Zeit ohne Warten dar, einer augenblicklichen Verfügbarkeit, einer Isolation und Selbstisolation gegenüber den anderen.«
(Jonathan Crary)

Während die humanistische Welt einer von allen geteilten Zeit, eines allen Menschen gemeinsamen Rhythmus vorbei ist, feiert die ästhetische Ideologie des Präsentismus ein Revival. Parallel dazu steht das Internet für eine vollständig zugängliche Vergangenheit (allerdings nur für Maschinen; kein Mensch schmökert im ›Archiv‹ seiner Tausenden und Abertausenden Urlaubsfotos). Dies allerdings unter dem Zeichen des Archivs, d. h. eines andauernd in die Vergangenheit rutschenden, ästhetisch beschworenen Jetzt.

Ein Beispiel für diese Gegenwartsverfallenheit ist die sogenannte *twitter trance*. Das fieberhafte Folgen des Nachrichtenflusses auf deinem Tweet-Deck ist zuallererst eine Mimesis an die von der App(aratur) vorgegebene Zeitstruktur eines andauernden und andauernd in die Vergangenheit verschwindenen Jetzt (die Speicherung von Daten im Netz funktioniert archivisch, ihre Nutzung aber unterliegt invers eingeschränkten Zugriffsmöglichkeiten und ist, so oder so ähnlich hat dir das Tom Lamberty einmal erläutert, ein Reich der Maschinen).

»Indeed, the real-time stream is fundamentally a reconfiguration of temporality, a new construction of experience, which is structured around a desire for ›nowness‹. But Twitter messages are never marked as ›now‹, instead they lie already in the past. Twitter nonetheless orientated towards the future, the possibility of something else happening, others in the loop, pure potentiality or unfolding. This is partly constructed through an aesthetic experience of commitment to the radical now.« (David Berry)

Der paradigmatisch in den sozialen Medien ausgeprägte Präsentismus findet sich auf allen Ebenen. Auch auf der Ebene der Produktion zeigt sich im sogenannten Postfordismus eine Tendenz zum Just-in-time, etwa der Zunahme des Print-on-demand-Prinzips im Verlagswesen. Wenn ihr zudem 24/7 ansprechbar seid und bereit zu kommunizieren, erwartet ihr umgekehrt die zügige Lieferung des von euch Gewünschten. Und eine ähnliche Tendenz zum Präsentismus findet sich im Finanzwesen, in dem derivative Zukunft und Gegenwart miteinander verschmelzen.

Mehrere Motive kommen hier zusammen. Bei dem Befund, dass sich (zeit)komplexe, d. h. zunehmend durch Algorithmen oder computergesteuerte Systeme organisierte Gesellschaften nicht mehr ausgehend von menschlicher Erfahrung oder Wahrnehmung verstehen lassen, darfst du nicht stehenbleiben. Mit dem Schritt ins Jenseits ästhetischer Kritik ist es nicht getan. Auch auf finanztechnischer Ebene handelt es sich nicht einfach um eine Beschleunigung oder radikale Verknappung des Jetzt-Horizonts. Die elektronisch antizipierten Preise lassen jene beiden Zeithorizonte verschmelzen, die Menschen als Gegenwart und Zukunft unterscheiden. Es handelt sich nicht nur um eine quantitative Beschleunigung und Reduktion des Jetzt auf eine nicht mehr wahrnehmbare ›Größe‹, sondern um eine qualitative Veränderung und Aufhebung der Gegenwart selbst. Eure Gegenwart ist derivativ – *a present underlying the future*. Sie ist hergestellt, produziert (aber von wem?). Aber ist sie deshalb auch poetisch? Zumindest hat sie poetisches Potenzial und stellt die Forderung an euch, sie selbstbewusst zu schreiben, auf eure zeitkomplexe Gegenwart Einfluss zu nehmen, statt sie nur immer weiter passiv zu erleben und dann reflexiv als das Ergebnis einer automatisierten Zukunft zu verdammen.

Wenn du also auf poetische Strategien wie die Auflösung fixer (deiktischer) Lokalisierungen und Identifizierungen oder auf *encryption* setzt, dann hat das weniger mit den üblichen kulturpessimis-

»Der Handel mit der Zukunft in
immer mikroskopischeren
Gegenwartsmomenten, unter
Berücksichtigung gigantischer
Mengen von historic data,
und der Automatisierung des
order flow versprach
Märkte mit hoher Liquidität und
Fairness in der Preisgestaltung.
(…) Diese von Algorithmen
und der entsprechenden Hard-
ware beschleunigten trades
befördern quoting und trading
in Zeitdimensionen jenseits
menschlicher Wahrnehmungs-
schwellen, in denen die
Zukunft elektronisch antizipierter
Preise tendenziell mit der
von Menschen wahrgenom-
menen Gegenwart verschmilzt.
Der Horizont der Entscheidungs-
findung wird zunehmend
von Algorithmen übernommen.
Hier wird nachvollziehbar,
warum der Mensch nur eine
eingeschränkte Rolle in der
Abwicklung des pricing spielen
kann.«
(Armen Avanessian /
Gerald Nestler)

tischen Einwänden gegen eure bildersüchtige Instagramgesellschaft zu tun, als mit der Umwandlung von Daten in Bedeutungsträger. Denn angesichts einer zunehmend maschinisierten Datenwelt sind ästhetische Strategien zum Scheitern verurteilt.

»Seeing ourselves through the ›eyes‹ of this machinic Other who does not and cannot have an affective sense of aesthetics is a kind of disenchantment. We are just stuff in the world for ›distributed machine cognition‹ to look at and to make sense of.« (Benjamin Bratton)

Freitag 30. September: Hyperstitions und Derivate – Wie funktioniert Theorie heute?

»Because of the capacity, inherent in writing and pricing, to generate new contexts from inside the writing/pricing thread (…), writing and pricing can emerge as the ›process‹ of history. Capacity, rather than possibility, generates history; writing and pricing are exemplary cases of the making of history.« Schade, dass du dieses Zitat von Elie Ayache nicht auf dem Schirm hattest, sonst hättet ihr, Christopher und du, das noch einbauen können in eine der Szenen mit Elie in seinem Pariser Büro. Vielleicht kannst du ja morgen über diese Themen sprechen, die dich in den letzten Tagen beschäftigt haben.

Der eigentliche Anlass für deinen Besuch hier in Miami ist das morgige Screening von *Hyperstition*. Natürlich hast du wenig Lust, zum soundsovielten Mal eine inhaltliche Einführung zu geben. Auf der anderen Seite hast du dir das selber eingebrockt und den Film ja auch bewusst als PR-Instrument mitkonzipiert für eine hype-hungrige und alle paar Jahre nach dem nächsten Theorie-Kick gierende Kunstwelt.

Du beschließt also ein paar Stichworte zu Themen zu notieren, über die du später kurz (und frei) sprechen wirst:

- die Herausforderung, nicht nur deiner subjektiven Ansicht nach andere oder relevantere Diskurse bekannt zu machen, sondern auch andere (jüngere, nicht verprofessionalisierte) Subjekte in den ansonsten von veralteten akademischen Denkmodellen verstopften Diskurs zu schleusen;
- die Manipulation des Kunstfelds, das Nutzen der semiotischen Kraft der Bilder, das Auf-sich-Nehmen der an einen gestellten

»The Q&A is more important than the screening, not to mention the jumble of quasi-academic and social media PR formats that multiply the templates in which unalienated presence is supposed to be delivered. The artist has to be present, as in Marina Abramovic's eponymous performance.«
(Hito Steyerl)

Forderung nach Präsenz und seine poetische Unterwanderung;

- das poetisches Inkraftsetzen einer anderer Temporalität;
- den Versuch (z.B. mit *Hyperstition*) herauszufinden, wie in einer aus der Zukunft kommenden Zeit überhaupt noch Theorie zu machen ist, die Wirkung entfaltet;
- darüber, dass der Film nicht einfach von *time and narrative* handelt, sondern selber anhand einer anderen, spekulativen, Zeitlichkeit erzählt und Fiktion produziert.

Hyperstition ist kein Film über Hyperstition, sondern selbst eine Hyperstition, ein Experiment im stets plastisch gestaltbaren Medium Diskurs. Ausgangspunkt ist die Hypothese einer selbst hyperstitionalen Verfasstheit eurer Gegenwart, für die (politische) Theorie und Philosophie noch keine praktikablen Umgangsweisen gefunden haben. Und dass du mit den Kommunikationsstrategien des 21. Jahrhunderts (statt mit den üblichen Autoritäts- oder Machtmechanismen der sich mehr schlecht als recht ins Heute übersetzenden Vergangenheit) versucht hast, in und mit dem Film eine halbexistente philosophische Bewegungen – den Spekulativen Realismus, den Akzelerationismus, dann auch den Xenofeminismus – gegen sich selber und alle anderen Widerstände wirklich werden zu lassen. Fiktional und friktional. Oder einfach faktionale Filmphilosophie?

»Hyperstitions are not representations, neither disinformation nor mythology. Hype, hyping, hyperpropagation belongs to a strain of time-warp cybernetic fiction that cannot be judged true or false because it makes itself real.« (CCRU)

Das alles kannst du hier in Miami etwas ausführlicher erzählen (Miamifiktion). Denn mit dem International Art Centre und dem South Florida ArtCenter, und mit all den von Gean Moreno und Natalia in den letzten Jahren hierher eingeladenen Leuten, hast du ja ein einschlägig vorgebildetes Publikum. Du kannst dir also umständliche Präliminarien sparen und stärker auf die Zeitlichkeit der Erzählung fokussieren, die du damals, vor der Arbeit an dem Zeitkomplex- oder Postcontemporary-Projekt, noch hauptsächlich finanz-theoretisch begründet hast. Und als

Aufhänger funktioniert am besten Elie, den werden sie hier auch kennen – deswegen gehst du am besten weiter deine Notizen durch.

PARADIGMA DERIVAT In einer vom Derivatehandel geprägten (politischen) Ökonomie geht die Tatsache, dass die Zukunft der Gegenwart vorausgeht, mit der Einsicht in eine radikale Kontingenz einher. Auch das könntest du ausgehend von Elie zu zeigen versuchen, der Meillassoux' Kontingenz-Theorem für seine Theorie und Praxis des Setzens von Preisen (durch Trader) nutzt.

Derivate erlauben es, in gewissem Maße die Zukunft zu bearbeiten, und erweitern damit den Spielraum dessen, was in der Zeit geschehen kann. Sie sind richtungsweisend für die neue Temporalität im spekulativen Finanzwesen. *When there is volatility and things going on, time is passing; in the days where there is no volatility, time is frozen*, so oder so ähnlich Elie, als ihr ihn für *Hyperstition* in seiner Firma interviewt habt.

Ein traditionelles Beispiel dafür, wie die Zukunft die Gegenwart (die wiederum die Zukunft gestaltet) im Bereich der Ökonomie beeinflusst, sind Kredite. Sie haben immer schon mit der Zukunft gewirtschaftet, und das elaborierte Kreditsystem war sicher mitverantwortlich für die Beschleunigung der Gegenwart. Für das inzwischen hegemoniale Finanzmodell, das (im Sinne eines *shaping of contingencies*) radikal auf Derivate baut, gilt das jedoch in ganz anderem Maße.

Die Einsicht, dieses neue derivative Paradigma genauer verstehen und also darüber schreiben zu müssen, war ja der Grund für das Buch, das du letztes Jahr gemeinsam mit Gerald Nestler gemacht hast: *Making of Finance* enthält Gespräche mit denjenigen, die die Welt, in der ihr lebt, hergestellt haben (also statt einem weiteren geisteswissenschaftlichen Dilettantenbuch zum Thema Ökonomie lieber Gespräche mit den Erfindern und Anwendern unterschiedlicher Finanztechnologien

»Die bestimmende Rolle eines wissenschaftlich grundierten Finanzmarkts entwirft aufgrund seiner gesellschaftlichen Bedeutung ein neues soziales Paradigma der Spekulation, das keinen fundamentalen Wert kennt bzw. benötigt, weil es ihn durch den Preis, d. h. die Preisbildung des derivativen dynamic hedging und der arbitrage kleinster Diskrepanzen ersetzt.« (Armen Avanessian / Gerald Nestler)

über Derivate, quantitative Hedgefonds, die Algorithmisierung des Handels und High-Speed bzw. High-Frequency Trading).

Eines dieser *magic tools* ist die Black-Scholes-Merton (BSM) Formel zur Berechnung von Finanzoptionen. An ihr bzw. ihrer Entstehungs- oder besser Verwirklichungsgeschichte zeigt sich zugleich – *for better or worse* – exemplarisch ein solcher *poietischer* (Produktions-)Akt: die Herstellung und den Eintritt in eine ökonomische Realität, die ihr seitdem nicht mehr verlassen habt.

Trotz einiger anfänglicher Adaptionsschwierigkeiten setzte sich die BSM-Formel durch und machte so die Legalisierung des (bis dahin unter Glücksspielverdacht stehenden) Derivatehandels möglich. 1997 wurden die beiden damals noch lebenden Erfinder mit dem Wirtschaftsnobelpreis bedacht.

Neben diversen anderen Präemptionsphänomenen (etwa in der Kriminologie und Psycholgie) ist das Geschehen an den Finanzmärkten sicher der anschaulichste Beleg für eine fundamentale Zeitenwende, für die aus der Zukunft kommende Zeit, oder finanztechnisch gesprochen: für ein *derivatives Paradigma*, in das ihr, ohne es richtig bemerkt zu haben, eingetreten seid.

Wenn dem so ist, dann helfen ästhetische Strategien, wie gesagt, nicht weiter, sondern eventuell nur poetische. Ein erster Schritt ist überhaupt erst einmal diesen unhintergehbaren Nexus von Zukunft und Gegenwart zu verstehen; in einem zweiten Schritt geht es dann um eine transformatorische praktische Auslegung dieser spekulativen Temporalität, die schon in den Basisoperationen eures ökonomischen Systems angelegt ist.

»(I)m Dreiecksverhältnis Vergangenheit – Gegenwart – Zukunft (hat) die Chronologie an den Finanzmärkten ausgedient. Die neue finanzspekulative Zeit geht von der Zukunft aus, indem sie die Gegenwart in einen Raum zukünftiger Gegenwart und einen Ort gegenwärtiger Zukunft verdoppelt.« (Armen Avanessian / Gerald Nestler)

Die aus der Zukunft berechnete, zeitkomplexe Gegenwart wird naturalisiert, d. h. als schlicht (vor)gegeben deklariert. Und da die derivative Finanzindustrie ihre eigene poetische (wirklichkeitsstiftende) Praxis nicht verstehen will oder leugnet, unterminiert siedas progressive Veränderungspotenzial der Gegenwart. Die real existierende Finanzspekulation unterstellt das an und für sich vorhandene Veränderungspotenzial der neuen spekulativen Zeit einem Automatismus, also einer Logik der Alternativlosigkeit.

Mit Elena Esposito gesprochen ist »die Gegenwart von der Zukunft abhängig, die ihrerseits von der Gegenwart abhängig ist, die sich nach ihr richtet«. Das könnte und sollte dazu führen, dass die Gegenwart *mit und aus Perspektive* einer besseren Zukunft verändert wird. Das ist kein bloßer moralischer Appell (an eine gute und spekulantenfreie Gegenwart), sondern zunächst einmal ›nur‹ ein epistemologischer Einwand. Ständig um ihre angebliche strenge (Natur-) Wissenschaftlichkeit besorgt, vergisst die Finanzwirtschaft nämlich, ihre auf einem probabilistischen Framework aufbauende Methode zu hinterfragen, und sie missversteht zudem ihre eigene praktische Rekursivität. So übersieht die ständige wahrscheinlichkeitsfixierte Ableitung (auf die Gegenwart zurückwirkender) zukünftiger Ereignisse aus vergangenen Daten die Veränderung ihrer eigenen Parameter (eine Veränderung nach dem selben rekursiven Muster, nach dem Sprache paradigmendbildend ist). Denn der aus den Vorberechnungen der zukünftigen Gegenwart folgende rekursive Effekt auf die (gegenwärtige) Gegenwart wirkt wiederum zurück auf die Zukunft.

Du kannst Ankes und deine Überlegungen zur fundamentalen Asynchronie von Gegenwart oder Gegenwärtigkeit wiederaufnehmen. Rein linguistisch erschließt sich: Das Vergangene war zukünftig, die Zukunft wird vergangen sein, die Gegenwart war einmal Zukunft etc. Finanztechnologisch kann das noch viel plausibler verdeutlicht werden. Zeit bedeutet immer eine soziopolitische Verbindung von

»Time's unity is asymmetric: the past present can only be understood for what it was and wasn't (qua condition and projection to the future that is now present) in its future, while the future present continues to be strictly unknown but can be anticipated and prepared-for. Furthermore, operations in the future condition the future but do not determine it; past

Vergangenem und Zukünftigem, die niemals symmetrisch zueinanderstehen.

Auch und gerade in der Finanzwelt ist das Verhältnis von Vergangenheit, Gegenwart und Zukunft zueinander systemabhängig. Für Suhail Malik sind deswegen so fundamentale Handlungen wie das Setzen von Preisen (pricing) nichts anderes als *constructions of time*. Diesem neuen spekulativen Verständnis von Zeit entsprechend sind Derivate nichts Sekundäres. Gegen eine ganze Armada humanistisch-bürgerlicher Polemiken zu derivativen Finanzprodukten, die diesen jede Realität absprechen oder sie der sogenannten ›Realökonomie‹ untergeordnet wissen wollen, sind sie aus Sicht einer spekulativen Finanzphilosophie vielmehr ontologisch primär.

operations do determine their future, which is the present.« (Suhail Malik)

»Derivatives are not just a counterperformative time-binding of the present and the future in which the deferring and displacing of the present into the future prevents the actuality of the present from being constituted as clearly distinct from the inactuality of the future. … What is to be added to that determination of derivative pricing qua temporization, is that the constitutive futurity of the différantially organised present of risk pricing is that of the splitting of the future payoff (…).« (Suhail Malik)

PREISBILDUNG ALS BEDEUTUNGSGEBUNG

Elie Ayache bestimmt, ausgehend von seiner Erfahrung als Trader, Preisbildung als eine willentliche Entscheidung über den andauernden Ausnahmezustand ökonomischer Kontingenz. Was dabei fehlt, ist eine politische Ökonomie oder soziale Bestimmung von Kontingenz bzw. ein Nachdenken darüber, wie mit einer solchen Kontingenz auf politisch fortschrittliche Weise umgegangen werden kann. Eine Möglichkeit wäre, Kontingenz durch Preisbildung festzulegen, also beispielsweise als Risikoabsicherung durch Versicherung. (Es handelt sich um ein letztlich philosophische Problem, den Unterschied zwischen einer *priced contingency*, die einen Grad absoluter Kontingenz bedeutet, und einer Wahrscheinlichkeit zu definieren.) Von der Zukunft zu lernen heißt also auch Risiko zu mildern oder zu reduzieren, denn in einem Zustand reiner Kontingenz – was wäre das: pure Sabotage? – lässt es sich nicht gut leben.

Preise sind Konstruktionen von Zukunft und als solche selbst *hyperstitions*. Dass Gegenwart sich selbst nie präsent, sondern asynchron ist, hat seine ökonomische Begründung in Preisen. In einer (zeit)komplexen Gesellschaft wird deutlich, dass Zeit nur ein anderer Name ist für das Primat der Zukunft ist. Statt von einer geldlosen Anarchie zu träumen, sollten sich linke Theoretiker und Praktiker vielleicht mehr Fragen nach der jeweils probaten politischen Strategie zuwenden. Übernimmt man die faszinierende Definition von Jonathan Nitzan und Shimson Bichler, dass nämlich ›Kapital‹ nichts anderes ist als eine Form von *power* und *sabotage*, dann stellt sich die Frage, wie viel Macht jemand durch seine Preisbildung über die Zukunft, und das heißt auch über die Kontingenz hat. Wobei prinzipiell gilt: je höher der Preis, desto höher die behandelbare Kontingenz. Preisbildung ist jedenfalls nicht nur als Sabotageakt (als tendenziell monopolistische Zerstörung freier Konkurrenz) zu verstehen, sondern als eine Kontrolle der stets vorhandenen ökonomischen Kontingenz. Preise sind zwar durch *power* durchgesetzt und kontingent, aber nicht Gegenstand dezisionistischer Entscheidungen im freiem Raum. Vielmehr sind Preise semantisch reich. Sie haben soziale und politische Bedeutung. Und sie werden geschrieben, wie Ayache betont, der immer wieder auf Schreiben als Leitthema seiner ökonomischen Praxis zurückkommt: »*The price process is a writing process. A price process is the result of the immixture of possibility in the trading capacity ... My risk is the risk of writing.*«

Samstag 1. Oktober: Uberfahrt nach Miami

Bis jetzt habt ihr eure Zeit fast nur in South Beach verbracht, zwischen Apartment, Strand und Restaurants oder Supermarkt, und dabei alle Wege zu Fuß oder mit dem Scooter erledigt. Abgesehen von prinzipiellen umwelttechnischen Erwägungen – aber ihr seid schließlich nach Miami geflogen – ist ein Leihwagen in Miami Beach auch finanziell sinnlos, liegen doch die täglich anfallenden Parkplatzgebühren noch über dem Mietpreis eines Mittelklassewagens (und sogar eines Ford Mustang, den du dir gerne ausgeliehen hättest). Auf die Frage, was bei größeren Distanzen – zum Beispiel heute zum Screening nach Miami – zu tun sei, lautet die Antwort unisono *Uber*, *why don't you Uber*, *gotta take Uber*, *just do Uber*.

In der Tat ist Uber allen anderen Optionen mit Abstand überlegen. Wo immer ihr seid, könnt ihr schnell ein Auto, d. h. einen Fahrer, bestellen, dessen genauen Standort ihr online stets verfolgen könnt. Den Preis könnt ihr vorab festlegen und bezahlen, ohne danach Zeit zu verlieren. Und das alles günstiger als jedes Taxiunternehmen. *It's crazy, Uber is even cheaper than public transport* (falls dieser überhaupt zur Verfügung steht). Für die ca. sieben Kilometer lange, fünfzehnminütige Fahrt ins South Florida ArtCenter etwa besteht die Wahl zwischen der normalen 8-10$ Option oder einem Uber-Pool mit eventuell zusätzlichen MitfahrerInnen für 3,60$ pro Person.

Als du – nachdem du noch kurz den Müll runtergebracht hast (pro Tag fällt hier ungefähr so viel an wie in Berlin pro Woche) – zum wartenden Auto kommst, musst du vorne einsteigen, weil neben Marie schon eine junge Frau sitzt. Vom kurzen ›Hi‹ beim Angurten an ist klar, dass (dieses Mal?) ebenso wenig Gesprächsbedarf mit der Mitfahrerin besteht wie in einem öffentlichen Bus oder Subway. Kommuniziert wird mit den iPhones, und auch du fragst Pedro, den Fahrer, nach einem der diversen Ladekabel seiner drei Smartphones, siehst dabei zwischen den Sitzen hinten Maries (lang ausgestreckte, braungebrannte) Beine, schießt schnell ein voyeuristisches Foto und schickst es ihr in den Fond. Die Musik ist kaum zu hören, aber das wird sich bald ändern, wenn die Ankündigungen von Uber stimmen.

Bald werdet ihr nicht nur den Fahrer, sondern auch ein mit Musik und Informationen über das Fahrtziel ausgestattetes Fahrerlebnis haben. Überhaupt treten Weg und Ziel immer mehr in den Vordergrund. Statt dem ursprünglichen Slogan *Push a button, get a ride* nunmehr Fokus auf das konsumistische Gesamtkunstwerk Uberfahrt unter Einbeziehung so vieler Informationen wie möglich.

Du beginnst mit Pedro zu plaudern, aber die Frage, die du dir eigentlich stellst, wie viele solcher Fahrten er machen muss, um seinen Lebensunterhalt zu bestreiten, stellst du nicht. Du erinnerst dich an die Begeisterung einer der südamerikanischen *resident artists* vor einigen Tagen, weil *so much of my research is done just by talking to Uber drivers*, und beruhigst dich mit der kurzfristigen Illusion, dass du nicht noch eine weitere Ausbeutungsdimension hinzufügst. Doch in diesem Moment weißt du bereits, dass du auch dieses Gespräch hier notieren wirst, wenn du dich während des 100minütigen Screenings unter dem Vorwand noch an deinem anschließenden Vortrag feilen zu wollen, hinausschleichst, um das tägliche Schreibpensum zu erledigen.

»Where Uber originally asked you to only think about getting a ride, we now ask you ›Where to?‹ … It's a philosophy based on looking ahead that carries you forward. Each action you take propels you to the next step and each trip you complete feeds back into the experience. By the time you're ready to enter your next destination, it's already there.« (Uber)

Das Wort ›Ausbeutung‹ ist gerechtfertigt, weil die entsprechende Dynamik so umfangreich und auf so vielen unterschiedlichen Ebenen stattfindet. Zugleich prallen in dieser neuen, durch die digitale Revolution restrukturierten Ökonomie zwei vermeintliche Gegensätze auf fast obszöne Weise aufeinander: eine residual kommunistische Rhetorik des Gemeinschaftlichen, des Teilens – letztlich des Aufhebens von persönlichem Eigentum – und eine brutale Atomisierung und Individualisierung des einzelnen ökonomischen Agenten. Dabei hätten die App-basierten Dienstleistungen ja durchaus das Potenzial, beiden

Seiten zu helfen, etwa dem oder der FahrerIn und einem Kunden oder einer Kundin zu einem direkten Austausch zu verhelfen, so dass sich das ganztägige Ausleihen eines eigenen Wagens inkl. enervierender Adress- oder Parkplatzsuche erübrigt. Eine fortschrittliche Nutzung dieser neuen Technologien sind oder wären – denn bis dato bleibt es meist bei dem Konjunktiv, speziell wenn es sich um größere Firmen handelt – was der Medienwissenschaftler Trebor Scholz und andere *platform cooperatives* nennen, App-basierte Plattformen, in denen die Programmierer, Betreibenden, Eigentümerinnen und also NutznießerInnen ein und derselben Personengruppe angehören. Genau das ist aber in der sogenannten Sharing-Ökonomie kaum je der Fall: Von den neuen technologischen Möglichkeiten profitieren – bei Uber nicht anders als in vielen anderen Geschäftsmodellen – vor allem unsichtbare Dritte.

Uber nutzt die vorhandenen Smartphones und stellt nur die programmatischen Rahmenbedingungen zur Verfügung. Alles andere erledigt ihr selbst, inklusive der willigen Dauerproduktion wertvoller Daten über eure Standorte, Wege, Interessen etc. Immerhin habt ihr beide heute nur 7,20$ gezahlt. Womit sich das für euch – für Pedro sieht das schon anders aus – vordergründig oder zumindest einstweilen rentiert. Ubers Plan hier in Miami ist nämlich erst teilweise aufgegangen, und zwar was die Sabotage des Aufbaus und der Benutzung öffentlicher Verkehrsmittel oder alternativer Taxi-Unternehmen betrifft. Der nächste Schritt sieht wohl eine Monopolstellung mit einer fahrerlosen Autoflotte vor, mit der sich dann auch willkürliche Preiserhöhungen durchsetzen lassen,

»Der Plattform-Kapitalismus löst (…) die Grenze zwischen professionellem Angebot und amateurhaftem Gelegenheitsangebot auf. Es öffnet sich der Blick, der zuvor viel zu schmal auf das Schlagwort ›Sharing-Ökonomie‹ gerichtet war: Fast alle großen, erfolgreichen Digitalkonzerne sind oder betreiben Plattformen. (…)Der herkömmliche Marktplatz führt gewöhnlich Angebot und Nachfrage zwischen Kunden und Unternehmern zusammen. Eine Plattform dagegen führt Kunden und X zusammen. Und weil Plattformen jedes Detail ihrer Geschäftsprozesse definieren, technisch handhabbar machen und kontrollieren, kann X alles und jeder sein, von der Privatperson bis zum Milliardenkonzern. (…) Mittelsmänner sind mächtiger als

ohne nennenswerte Konkurrenz fürchten zu müssen. Dass Uber und vergleichbare kapitalistische Plattformen wie Amazon damit anfangs Verluste einfahren, stört sie kaum. Geld ist ja ausreichend vorhanden im globalen Steuerschlupflochistan.

je zuvor. Sie sind bloß getarnt als Plattformen. Klassische Mittelsmänner waren Händler, Plattformen sind eine Art Meta-Händler: Sie kontrollieren den Zugang und die Prozesse eines ganzen Geschäftsmodells. Plattformen möchten nicht die Besten im Spiel sein, sondern die Regeln des Spiels bestimmen. Sie sind ökonomische Ökosysteme, die Geld verdienen, indem sie Dritten ermöglichen, Geld zu verdienen.«
(Sascha Lobo)

Du sitzt hier im ArtCenter, während der Film läuft. Ungefähr noch eine halbe Stunde bis zu deinem Vortrag und der allgemeinen Diskussion. Deswegen ist die Zeit zu knapp, um mehr über diesen systematischen ökonomischen Zusammenhang zu schreiben zwischen den verschiedenen Plattformen, von Facebook über Google und Amazon bis Uber, die ihr aus Bequemlichkeit benutzt und weiter benutzt, obwohl ihr wisst, wie problematisch das ist. Dann eben nachmittags oder spätestens morgen. Denn die Problematik von Uber & Co. wird erst vollständig deutlich, wenn ihre umfassenderen wirtschaftlichen, arbeitstechnischen (und -rechtlichen) Aspekte beleuchtet sind, etwa wieviel sie zur gesamtgesellschaftlichen Wirtschaft beitragen, indem sie (kaum) Steuern zahlen, Menschen (kaum) Arbeit geben und wie teuer ihr es erkauft, dass sie euch jeweils irgendeinen Service scheinbar gratis zur Verfügung stellen. Auffallend an der neuen Ökonomie des 21. Jahrhunderts ist jedenfalls die Tatsache, dass die weltumspannende Hotelkette (AirBnB) über keine Immobilien verfügt, das effizienteste Beförderungsunternehmen (Uber) keine Wagen besitzt, die größte Medienplattform (Facebook) keinen eigenen Content produziert etc.

Lebt ihr überhaupt noch im Kapitalismus, oder schon in einem postkapitalistischen Etwas, ohne dass das unbedingt Grund zu revolutionärer Freude wäre? Vielleicht seid ihr, ohne das richtig bemerkt zu haben, in eine neue Phase eingetreten und befindet euch in einem besser Finanzfeudalismus zu nennenden System?

Sonntag 2. Oktober: Liquidities – Öl und Finanzialisierung

Nach nur drei Stunden Schlaf liegst du wach im Bett. Es ist fünf Uhr früh. Du denkst an die offen gebliebenen Punkte von gestern, über die Autoindustrie und Smart Cities generell, die dir bei der Heimfahrt nach Miami Beach noch erwähnenswert erschienen. Und was dir sonst noch aufgefallen ist, bevor du dann wieder gefangen warst von Miami bei Nacht, zu müde, um noch klar zu denken, aber auch zu entspannt und zufrieden, bei der Fahrt über die Brücke, am Hafen vorbei, mit Blick auf die Skyline, zurück in euer ruhiges Quartier Ecke Jefferson Avenue und 9th Street.

Es ist aber auch elf Uhr früh für dein Berliner Ich, das sicher schon einige Emails bekommen hat und auf Facebook-Nachrichten reagieren könnte. Zeigen, dass es ›da‹ ist, nicht verschwunden, dass bald wieder mit ihm zu rechnen ist, dort in Berlin (wo du dich aber dann doch kaum zeigst, dich eher versteckst … vielleicht ist das ja das Beste an Facebook, dass es so viel langweilige Zeit bei Openings oder Abendessen erspart, weil du einfach mit ein paar Postings pro Woche in beruflich-privatem Kontakt mit der ›Welt‹ bleibst). Während du hier in Miami Kraft tankst, dich erholst, wieder zum Nachdenken kommst. Und du fühlst dich irgendwie dazwischen, irgendwo, weder hier noch dort. Bist wohl auch deswegen unruhig, weil es eure letzte Nacht in dem Apartment in Miami Beach ist, und wer weiß, wie es in dem anderen Apartment für die *residents* im ArtCenter weitergeht mit dem *flow*.

Wie unpraktisch hier alles ist – nur ein Schlafraum mit zwei Barhockern und ein viel zu kleiner runder Esstisch, an den du dich jetzt wieder setzt. Solche Widrigkeiten hast du immer schon aufreizend hilfreich gefunden. Beim Heimkommen gestern ist die Glühbirne durchgebrannt, und vor Sonnenaufgang leuchtet jetzt einstweilen nur Facebook von deinem Bildschirm auf die vor dir liegenden Notizzettel. Du liest kurz, was da steht, wirst dann aber von der Quelle des Lichts angezogen.

Nachdem du die Neuigkeiten bei Facebook und Twitter überflogen hast, und nachdem auch deine Emails keine unangenehmen Nachrichten verkünden, fühlst du dich ruhiger und überlegst, ob es nicht doch sinnvoller wäre, sich noch einmal hinzulegen.

Dir fällt ein, dass das möglicherweise ein Grund für die These eines Rückgangs von Insomnia sein könnte, *der* Schlafstörung innerhalb des Fordismus, also einer über strenge Zeitdisziplin organisierten Gesellschaft. Und in der Tat leidest du ja seit einigen Jahren kaum mehr unter Schlaflosigkeit. Deine Tage und Abende sind vollgepackt, zudem bist du froh, abends erschöpft einzuschlafen. Dass du weiterhin wenig schläfst, also zum Beispiel oft früh aufstehst, stört dich nicht. Es gibt genug zu arbeiten und wenn nicht, zumindest Zeit in den sozialen Medien zu überbrücken. Statt Insomnia, so Alexej Penzin, sei heute eine versteckte Schlafstörung wie das Apnoe-Syndrom verbreitet, das eine Unterbrechung des Schlafs bewirkt.

»In a post-Fordist economy of temporary employment contracts, fleeting assignments and projects in rapid succession, workers constantly have to stay ›connected‹ in order to survive. This hyperconnectivity also maintains a chronotopy of bottomless instantaneity. Creative knowledge workers—especially if they are freelancers—always have to rely on their environment to acquire new projects. After each sent email they nervously await the answer. If it doesn't come within two days, they start to worry. Have they read my mail? Did something go wrong? Or worse, did I say something wrong? Did they hear a bad thing about me or have they dug it up via one of the social media? Is there perhaps a totally unfounded rumour about me doing the rounds in the network?« (Pascal Gielen)

I (AM) LIKE ME Trotz der leicht apokalyptischen Einschätzung von Facebook & Co. – nicht zufällig fällt die Entstehungszeit der sozialen Medien in die Zeit um und nach 9/11 –, zu der auch und gerade linke Theoretiker (und, wenn auch etwas weniger, wie dir scheint, Theoretikerinnen) neigen, musst du dir richtig Mühe geben, Facebook vor lauter Eitelkeitsproduktion und Betroffenheitskult überhaupt ernst zu nehmen. Ich like (und leide), also bin ich. Er teilt mich, also bin ich viele. Und je nachdem, was ihr postet, teilt und likt, kommuniziert ihr nicht nur anderen, wie ihr die Welt seht, sondern euch selber, wer ihr seid.

Letztlich versuchst du die sozialen Medien wie ein Genre zu verstehen, als Medium zu nutzen, das bestimmte Regeln vorgibt, Zwänge ausübt, aber auch Freiheiten eröffnet. Und nicht als ein deine Authentizität untergrabendes Übel. Ganz im Gegenteil ist Authentizität vielleicht eher ein Oberflächenphänomen, ein ironischer Effekt, nicht Ausdruck einer großen Tiefe. Das hast du damals schwer identifikatorisch in deiner Ironiedissertation über Figuren wie Dandy, Ästhet, Verführer, Flaneur, Parasiten oder eben Ironiker geschrieben. So lässt sich auch das Genre Facebook am besten von einem parodistischen Selbst bespielen, das Susan Sontags Wissen *On Style* beherzigt: »Es ist das Erkennen der Wiederholung, das ein Werk verständlich macht.«

»When I am trying to be true to myself, I turn ›myself‹ into a genre, with readily recognizable and repeatable tropes. I can never be authentic, only authentically generic. I can create and meet a set of established stereotypes of myself. Being oneself always means being a self-parody, and being a parody of oneself is the process of self-discovery. Self-parody precedes selfhood«. (Rob Horning)

Deswegen freut es dich, so stur jeden Tag – oder genauer: jeden Nachmittag, weil ja ein guter Teil deiner Freunde und Follower in Nord- und Südamerika leben – eine Selbstdarstellung abzusondern, die aber nie etwas sogenanntes Persönliches preisgibt, sondern stets nur mit beruflichen Highlights nervt. Auch eine Art der Profilbildung. Jeden Tag aufs Neue solches Erfolgs-Postings, so lautet dein strenges Facebook-Regime. Und praktisch nie kommunzieren oder diskutieren, was ja auch selten produktiv ist, immer langwierig, und leicht in Gehässigkeiten mündet, weswegen du ohnedies seltene ressentimentgeladene Anpöbelungen stets einfach likst und damit meist verdampfen lässt. Dir gefällt die humorvolle Übertreibung des Facebook und Instagram eigenen Zwangs zum *self branding*, der unbedingte Wille, einen guten Eindruck zu machen, ein schönes Bild von sich zu geben, an seinem Image zu arbeiten. Facebook als nicht zu bremsende Nachahmungsmaschinerie – aber auch, wie du irgendwo gelesen hast, *Eskalationsmedium* – fasziniert dich auf ähnliche Weise wie

Miami, wie jene Miamification deines Lebens- und Arbeitsrhythmus', damit dieser immer gelassener, ein wenig unakademischer, fröhlicher wird. Faszination einer mythischen Stadt, die sich ständig aus ihren Bildern heraus imaginiert und neu entwirft, so wie jetzt, wie du über den Bildschirmrand hinaus auf die sich schon wieder neu mischenden Farben des beginnenden Miamitages blickst.

Über irgendetwas damit Zusammenhängendes hast du gestern bei eurer nächtlichen Uberfahrt zurück nach Miami Beach sinniert. Und bist dann abgedriftet. So wie heute früh wieder hier und (bis) jetzt. Und gestern während des Screenings, als du dich, im Vorraum sitzend, daran erinnert hast, dass du unbedingt noch über die Karbonlastigkeit eurer gesamten Wirtschaft (und eurer gesamten politischen Ökonomie, ja, sogar eurer demokratischen Kultur) nachdenken musst, und Ray Brassier drinnen auf der Leinwand (was du ganz vergessen hattest) die Zuschauer daran erinnert haben muss, dass *the universe is running out of time*.

Eine geotraumatische Assoziation. Die Zeit läuft davon. In seinem bestechenden Buch *Carbon Democracy: Political Power in the Age of Oil* argumentiert Timothy Mitchell, dass so etwas wie ›die Ökonomie‹ nicht nur als Prozess oder ständiges Geschehen, sondern als ein tatsächliches Objekt staatlicher Planung überhaupt erst im letzten Jahrhundert entstanden ist (inklusive solcher finanz-›wissenschaftlicher‹ Konstrukte wie dem BNP, die quasi als Spiegelstadienbegriffe für Nationalstaaten funktionierten). Ökonomie ist also ein ebenso künstliches und wie fragiles Objekt oder Konstrukt.

Demokratie ist so verstanden keine soziale Bewegung oder reine – in einer romantisch oder dekonstruktiv unerreichbaren

»The difficulty in governing the movement of money
continued to be an obstacle to the growth of more egalitarian and democratic politics,
an obstacle increasingly connected with the flow of oil.
A generation later, in the wake of the failure of democratic governments in Europe
and a second global war, another effort was made to devise
a method for managing the international flow of finance,
the arrangement known as the Bretton Woods system.
Its development coincided with new forms of democratic
politics in industrialised countries, based on the management of what had recently come to be called ›the economy‹.

Zukunft liegende – Idee, sondern verdankt ihre Entstehung den in den vergangenen Jahrhunderten gewonnenen, damals neuen und in jeder Hinsicht schmutzigen Energien. Ohne zum Beispiel die durch den Kohleabbau entstandenen Ballungszentren keine Streikmöglichkeiten und sozialen Bewegungen. Demokratie selbst ist demnach als Technopolitik zu verstehen, in der zunächst Kohle und danach Öl eine alles entscheidende und strukturierende, eine regulierende und maßregelnde Rolle spielen.

Nicht zufällig ist die erfolgreiche Industrialisierung des vorigen Jahrhunderts ölbasiert und eure Lebensform ohne ölbasierte Produkte nicht denkbar. Das gilt für jeden einzelnen und somit auch für dich, auch wenn du in Berlin kein Auto besitzt, auch wenn du dich Uber verweigern würdest, auch wenn du erst gar nicht in den Flieger nach Miami gestiegen wärst.

Mit Mitchell lässt sich darum sagen, dass eine bestimmte ökonomische Ordnung an ihr Ende gekommen ist, zugunsten einer neuen Machttechnik der Finanzialisierung, die sich in den 1970er Jahren ankündigte.

Both the international financial arrangement and the apparatus of ›the economy‹ were devices for governing democracies.«
(Timothy Mitchell)

»The leading industrialised countries are also oil states. Without the energy they derive from oil their current forms of political and economic life would not exist. Their citizens have developed ways of eating, travelling, housing themselves and consuming other goods and services that require very large amounts of energy from oil and other fossil fuels. These ways of life are not sustainable, and they now face the twin crises that will end them.«
(Timothy Mitchell)

FINANZIALISIERUNG Dem Finanztheoretiker Giannis Milos zufolge ist die gegenwärtige Finanzialisierung eine Machttechnik, »die sich über soziale Machtbeziehungen legen kann, um diese zu organisieren, zu festigen und effektiver zu machen«.

Die Veränderungen seit den 1970er Jahren hin zu einem spekulativen Finanzkapitalismus sind keineswegs ein durch die individuelle Gier einiger Weniger ausgelöster Unfall oder der Auswuchs eines ansonsten gesunden ökonomischen Systems. Diese speziell seit Beginn der Finanzkrise 2007 bei Sozial- und Christdemokraten beliebte kalmierende Sicht auf die Dinge ignoriert, in welchem Ausmaß der neoliberale Ausbau des spekulativen Finanzsystems einer inneren Konsequenz des Kapitalismus selbst folgt.

Seine fundamentale Krise resultiert nicht nur daraus, dass er heute weit weniger Arbeitsplätze schafft, als durch die neuen Technologien wegrationalisiert werden. Hinzu kommt, dass die den Kapitalismus bis dahin stabilisierenden sozialen Kräfte unter dem Diktat des Neoliberalismus marginalisiert werden und die Kapitalakkumulation sich parallel von jeder Form von Realwirtschaft und gesellschaftlicher Kontrolle löst (die politisch gewollte teilweise Auflösung der nationalstaatlichen Souveränität zugunsten der Interessen einer globalen Finanzelite gehört in diesen Zusammenhang).

Neben der Finanzialisierung gibt es noch ein zweites starkes Indiz für die These, dass ihr euch womöglich gar nicht mehr in

»Der Kapitalismus ist kaum noch in der Lage, das durch die Computerisierung entfesselte ungeheure Ausmaß an Produktivität, Handelsvolumen und technisch-wissenschaftlicher Tätigkeit zu handhaben oder zu regulieren. An die Stelle des alten Widerspruchs der Kapitalzirkulation (die Kluft zwischen Warenproduktion und Warenverkauf) ist somit der Widerspruch zwischen einer Produktivität, die immer mehr Lohnarbeiter überflüssig macht, und den Bedingungen der Kapitalverwertung (Schicksal lohnlosen Lebens für hunderte Millionen) getreten. Sein bestehen konnte der Kapitalismus dadurch verlängern, dass er ein noch nie dagewesenes Maß an (öffentlicher und privater) Verschuldung und an Finanzblasen anhäufte.«
(Mikkel Bolt Rasmussen)

»An economy based on information, with its tendency to zero-cost products and weak property rights, cannot be a capitalist economy.«
(Paul Mason)

einer kapitalistischen Ökonomie bewegt: die letztlich auch der Finanzialisierung zugrundeliegende Digitalisierung, die sich etwa zeitgleich ereignet hat. Die informationstechnologische Revolution führt dazu, dass sich die im Kapitalismus der zweiten Hälfte des 20. Jahrhunderts halbwegs stabilen gesellschaftlichen Strukturen auflösen.

Die auch als kybernetischer Kapitalismus bezeichneten Formen einer intensivierten globalen Arbeitsteilung und der generellen Entwertung traditioneller Arbeit durch Nutzung und Zur-Verfügung-Stellen von Web-2.0-Angeboten haben nicht nur eine postkapitalistische, sondern auch eine latent post-demokratische Komponente. So vieles von dem, was du in den letzten Tagen gesehen und gelernt hast, wäre hier noch anzuführen. Das musst du auf jeden Fall noch unterbringen, nicht zuletzt weil es ja deine Überlegungen hier und jetzt und darüber hinaus beeinflusst hat.

POLITISCHE ÖKONOMIE Aber du wolltest dir ja erst einmal nur über die Korrosion der sogenannten politischen Ökonomie des Kapitalismus etwas Klarheit verschaffen. Sie betrifft die drei oder vier Pfeiler dessen, was den dir (als in den 1970er Jahren Geborenem) bekannten Kapitalismus einst ausgemacht hat: erstens feste Territorien bzw. souveräne Nationalstaaten, zweitens eine steuerbare Bevölkerung, drittens ein sich entweder selbst regulierender oder regulierbarer Markt, und dazu kommt eventuell viertens noch die (folgt man Mitchell) Anbindung an die Karbonindustrie.

Du erinnerst dich, wie die DISCREET-Agentin Nicole Doran gestern lachend und in ihrer lakonisch-derben Südstaatenmanier meinte: *In sixty-five to seventy years all this will be gone*. Der Anstieg des Meeresspiegels, die beschränkten Kapazitäten der Korallen, auf denen die Stadt nach ihrer Entsumpfung – *we did it, it's us ourselves who did it no more than hundred years ago* – gebaut ist, machen Miami zu einer untergehenden Welt, ohne dass dies der Spekulationswut der Anleger Abbruch tun würde. *A drowning city.* Auch Miami läuft die Zeit davon. Aber du schweifst schon wieder ab, vielleicht auch weil du zu wenig geschlafen hast.

Encore un effort, um die Frage zu klären, wovon überhaupt die Rede war oder ist, wenn es um politische Ökonomie geht. Wie hat sie ihren Anfang genommen, und mit welcher Form von Governance war sie verbunden?

Michel Foucault hat in den 1970er Jahren herausgearbeitet, wie sich so etwas wie ›die Ökonomie‹ als Untersuchungsfeld erst im Laufe des 18. Jahrhunderts herausgebildet hat, und zwar als steuerbares Zusammenspiel eines festen Territoriums, von Besitz oder Reichtum, und einer regulierbaren Bevölkerung. Die Herausbildung einer politischen Ökonomie kann zudem nicht davon isoliert werden, was er als Herausbildung biopolitischer Techniken beschrieben hat. Vor allem meint das die Umstellung von einer Souveränitätsmacht (die über Leben und Tod entscheidet) zu einer modernen Form biopolitischer Macht, der es um Steuerung, Erziehung und Regulierung der Bevölkerung geht, und zwar wiederum im Zeichen der Probabilistik, also unter verstärkter Einbeziehung statistischer Modelle zur Berechnung und Vorhersage demographischer oder allgemein politischer Entwicklungen. Von daher deine Hypothese, dass sich schon zu Foucaults Lebzeiten, als er die Matrix der über zweihundert Jahre wirkmächtigen politischen Ökonomie skizzierte, deren Ende abzeichnete (bei gleichzeitiger Intensivierung des biopolitischen Vektors im Zeichen von Big Data). Die Eule der Minerva fliegt in der Dämmerung. *From dusk till dawn. Back to bed. For a bit*. Sonntag 8:08.

Montag 3. Oktober: Miamification vs. The Orange-Utan

AMERIKANISCHES IMPERIUM Ihr sitzt in einem dieser großartigen südamerikanischen Restaurants, diesmal eines mit peruanischer Küche, das sich auf Ceviche spezialisiert hat, und nach dem zweiten Cocktail dämmert dir, worin die Faszination dieser Stadt liegen könnte, auch für dich. Dafür nimmst du gern alle Klischees in Kauf: Du willst nicht mehr wissen, ob es sich aus geologischer Sicht noch um einen amerikanischen oder bereits karibischen Landstrich handelt oder in welchem Ausmaß der angebliche Exotismus nur eine Marketing-Idee ist. Diese Stimmung stellt sich besonders an späteren Abenden ein. Wenn sich dein Körper jedes Mal von neuem an die tropische Temperatur gewöhnt hat; wenn die sonst kahlen und ärmlich nackt dastehenden Restaurants in der Dunkelheit Farbe bekommen und ein Violett hier, ein Blau da gemeinsam mit dem satten Grün der Palmengewächse alles schön und üppig erscheinen lässt; wenn die ansonsten nicht überkomplexe Musik dich mit jedem Beat ein infinitesimales Stückchen weiter in Richtung dieses oder jenes Clubs zieht und du mit jedem Drink bereitwilliger zu einem deklarierten Verteidiger des in Miami propagierten *tropical lush* wirst. Dann wünschst du dir die Miamifizierung der Vereinigten Staaten.

Aber steht die nicht ohnedies bevor? Oder steht euch bevor, dass Amerika wieder *great* wird, wie es das orangene Riesenbaby jeden Tag in die Mikrophone plärrt? Aus Sicht Miamis sind alle Phantasien von Grenzen und Zäunen herrlich weltfremd. Die Hafenstadt lebt von den durchströmenden Gütern und Personen und ist schon geographisch so angelegt, dass die Suche nach Grenzen und Abgrenzungen eher ein mildes Lächeln hervorruft. *Miamification* als geologische Science fiction und politische Geographie. Stabilität gibt es hier nur im ständigen Fließen – der TouristInnen, Pensionisten, Arbeitsuchenden. Eine boomende und ständig im Entstehen begriffene Stadt, eine stets werdende Stadt, die so gut vermarktbar ist, weil sie sich verlässlich an den höchsten Bieter verkauft.

Du kannst, was dir hier begegnet, nicht als Abfall von einem bürgerlichen Gemeinwesen nach europäischem Modell analysieren, weil ein solches in Miami gar nie existiert hat. Miami verfällt nicht dem Trug seiner Bilder oder zu einer touristischen Attraktion, diese metaphysische Unterscheidung von Stadt(kern, -wesen) und der von ihr produzierten (Tourismus-)Bilder hat hier möglicherweise nie verfangen. Und obwohl Tag für Tag, Jahr um Jahr aufs Neue von Grundstückspekulantlnnen und *developers* heimgesucht und buchstäblich neu gemacht, wird die Geschichte (welche Geschichte?) Miamis nicht von den Siegern geschrieben werden, sondern immer wieder diejenige ihrer Einwanderinnen gewesen sein. Davon willst du dich hier und jetzt überzeugen.

Du hörst Gean zu, der dir von den unterschiedlichen Einwanderungswellen erzählt, beginnend mit karibischen und afrikanischen Sklaven, und wie der strukturelle Rassismus immer wieder erfindungsreich in der Störung und Zerstörung kulturell reicher *black communities* ist. Natalia, die wie Gean aus Kolumbien stammt und ebenfalls schon lange in Florida wohnt, erzählt von der Notwendigkeit Institutionen hier ganz anders denken zu müssen, weil ihre Wirkung nicht mehr von fest kristallisierten Strukturen ausgehen oder auf diese aufbauen kann. Eine der Obsessionen Miamis, sich ständig neu zu erfinden. *Reimagine yourself.*

»As much as 20 percent of the world's financial deposits are located in unregulated banks and offshore locations. UN estimates of illicit drugs earnings run at US$500 billion a year. Illicit weapons sales are also placed at US$500 billion a year. As a single country, India's black economy in the early 1980s was placed at more than US$60 billion, and has grown since then. India is not unusual: in Peru, 48 percent of the economically active population works in the informal sector, and that figure rises to 58 percent in Kenya, and perhaps even higher in Russia. Prostitution brings in scores of billions of dollars annually, and people-smuggling brings in equally large amounts. In a study on money laundering, Pasuk Phongpachit of Chulalongkorn University in Bangkok estimated that people-smuggling earns US$3.2 billion a year in Thailand alone, and that solely from Thai women smuggled into Japan, Germany… Freon smuggling is a classic example of the mundane and often overlooked that reaps huge profits – in Miami alone, illegal freon smuggling has exceeded drug-trafficking in volume and may soon rival it in revenues.« (Carolyn Nordstrom)

Was hier eben nicht bedeutet zu einem Abbild einer geträumten Vergangenheit oder Vorbild touristischer Nostalgiereisen zu werden. Dann erzählt dir Domingo Castillo in schon illuminiertem Zustand – du willst sofort ein Buch mit ihm machen, oder noch besser gleich einen Film –, dass man, um das Miami der Zukunft zu sehen, einfach die Werbevideos der architektonischen Großprojekte anschauen müsse. Dich fasziniert, wie er von der Einmaligkeit Miamis spricht, die sich immer wieder neu nach den über die Stadt und von ihr produzierten Bildern formt, und du fragst dich, ob nicht genau so die Inbrunst eines überzeugten Patrioten klingt. Der er natürlich ebenso wenig ist wie Agustina, die während der Wirtschaftskrise in Argentinien hierhergekommen und damit Teil einer wieder etwas späteren latein- oder südamerikanischen Einwanderungswelle ist.

»Computer-generated videos that fly through shining skylines have become a standard signal of aspirations to enter the global marketplace. Here, manifest in these stock specifications, infrastructure is then not the urban substructure, but the urban structure itself—the very parameters of global urbanism.«
(Keller Easterling)

Mit ihr und anderen redest du weiter über den Donald, dessen erste TV-Debatte mit Hillary Clinton ihr letzte Woche, im Anschluss an Agustinas Präsentation im ArtCenter, gemeinsam in einem Restaurant verfolgt habt – staunend und wohl ein bisschen aus Sorge so laut lachend. Natürlich ist die Message des Orange-Utans für alle hier, auch für Marie und dich, nichts als lächerlich. Weil ihr gelernt habt, habt lernen müssen (aber auch können), wie mit den Komplexitäten der globalisierten Welt auf eine nicht ressentimenthafte Art und Weise umzugehen ist. In dieser Welt und Umgebung bist du froh, und auch Marie, die (laut Pass) Amerikanerin, Kind rumänischer Einwanderer, für eine Französin gehalten, in Berlin, wohin ihr (nur jetzt?) gar nicht zurückwollt. Wo die deutschen Mittelklasse-Linken für jüdische Selbstschutzmechnismen ebensowenig Gespür oder Toleranz haben wie für deine armenischen Exzentrizitäten. Du denkst, dass ihr hier am Tisch umgekehrt gelernt habt, eure Kompliziertheiten als Schutzschild zu benutzen. Dass es für euch auch kein Zurück gibt, erst recht nicht zu einem *Great America*.

Complete denial. Besser lässt sich die beiden Präsidentschaftskandidaten gemeinsame Haltung nicht zusammenfassen. Dich beunruhigt fast am meisten, wie nicht nur der rülpsende Parrhesiast oder Till Eulenspiegel, sondern auch Clintons gesamte politische Einstellung die Realität verweigert, nämlich die Einsicht in den unausweichlichen Bedeutungsverlust der Vereinigten Staaten. Beide schwadronieren sie (diplomatisch) implizit oder (rüpelhaft) explizit – aber was sollen sie sonst auch tun? – davon, Amerika wieder groß zu machen. Dabei täuscht alle militärische Macht mehr schlecht als recht darüber hinweg, dass sich die Vereinigten Staaten am Ende ihrer globalen Dominanz befinden. Die Indizien sind dieselben wie bei ihren imperialen Vorgängern, dem britischen Empire, den Niederlanden oder Spanien.

»Excessive preoccupation with finance and tolerance of debt are apparently typical of great economic powers in their late stages. They foreshadow economic decline.« (Kevin Philipps)

Die USA werden nie mehr den einstigen Einfluss zurückerlangen. Aber wird dann eine andere (nationalstaatlich organisierte?) Macht die Rolle des hegemonialen Zentrums übernehmen? Oder droht die nicht mehr nach einem gut geölten kapitalistischen Ausbeutungsmechanismus von Zentrum und Peripherie geordnete Welt in systemisches Chaos zu verfallen? Steht ihr umgekehrt am Beginn einer postkapitalistischen Ära, in der sich die neuen technologischen Möglichkeiten in nachhaltigeren und fairen ökonomischen Austausch übersetzen? Oder ist all das Gerede vom Untergang Amerikas nur eine weitere Variante eines naiven Antikapitalismus?

Du bist unentschieden, oder ganz einfach und ehrlich gesagt: überfordert von diesen Fragen, auf die du weiterhin keine Antworten weißt. Fragen, zu denen du letztes Jahr schon, während deines Semesters in L.A., viel gelesen hast. Immer wieder schaust du in deine Exzerpte, und immer wieder drehst du dich im Kreis. Aber du hast dieses Schreibsetting ja auch gewählt, um nicht alles entscheiden zu müssen. Und trotzdem über Fragen wie der Zukunft der USA nachzudenken, denen du hier vor Ort nicht aus dem Weg gehen kannst.

Eine eindeutig pessimistische Sicht stammt aus einem deiner kulturwissenschaftlichen Lieblingsschmöker, Immanuel Wallersteins vierbändigem *Das moderne Weltsystem*. Anders als bei den früheren hegemonialen Stabübergaben – von Portugal an Spanien an die Niederlande an Frankreich an England und vom Vereinigtem Königreich zuletzt im 20. Jahrhundert an die USA – steht Wallerstein zufolge diesmal kein neues (und schon gar kein westliches oder demokratisches) Zentrum bereit, dessen es doch seit Beginn der Neuzeit aus systemischen Gründen für die geopolitische und ökonomische Stabilität des Kapitalismus bedarf.

Für die diametral entgegengesetzte (und für viele Linke kontraintuitive) Sicht steht etwa der Ansatz von Susan Strange, derzufolge das amerikanische BIP verglichen mit der globalen Wirtschaftleistung zwar zurückgegangen ist, der Einfluss amerikanischer Firmen aber zugleich gewachsen ist. Die Macht und Kapazität sich (mittels Sabotage) gegenüber Konkurrenten durchzusetzen bzw. die Marktbedingungen zu kontrollieren, wären demnach also durchaus weiterhin intakt.

Aber das gilt eben nur für das *corporate business* der USA. Seltsamerweise zeichnet sich diesbezüglich neuerdings eine unselige Ähnlichkeit zwischen den ehemaligen Supermächten ab, was das Verhältnis von Regieren und Wirtschaften angeht. Auf der einen Seite die sagenhaft reichen Oligarchen unter ihrem, Gerüchten zufolge, reichsten Mann der Welt, Vladimir Putin. Auf der nicht wirklich anderen Seite die ebenfalls immer stärker neokameralistisch ausgerichteten Vereinigten Staaten. Bei beiden lässt sich eine Bewegung feststellen, die wegführt von einem Modell liberaler Demokratien. Der Staat wird dabei wie ein *business* geführt, und zwar von einer sich als *government-corporation* verstehenden Gruppierung, wobei als Vorbild weniger die historische Anomalie demokratisch regierter Nationalstaaten fungiert, sondern eher die Regierungsform von Stadtstaaten, Fürstentümern oder Einparteienstaaten wie Singapur, Dubai oder China. Reduzierte politische Freiheit scheint zunehmend auch im sogenannten Westen in Kauf genommen zu werden, stehen auf der Haben-Seite doch hohe persönliche Sicherheit und das Versprechen von ökonomischem Wachstum. Warum liegt es immer öfter und immer mehr im Interesse von Nationalstaaten, sich mittels Offshore- oder Freezones – mit ihren speziellen Services, Arbeitsrechten, Besteuerungen, finanziellen

Regulierungen, Bankgeheimnissen etc. – teilweise selbst zu entmachten? Will das Post-Brexit-London eine große Offshore-Zone Europas werden? Werden sich die USA und Russland in gemeinsamer Nachahmung Chinas gegen diesen neuen *global player* verbünden?

KLIMA Vielleicht kommst du mit deinen Überlegungen zur Zukunft der USA ja weiter, wenn du die Gleichung verkomplizierst, also zusätzliche Variablen einfügst, konkret: wenn du die ökonomische Fragestellung um eine ökologische Dimension erweiterst. Überhaupt ist die Frage nach dem Klimawandel nicht von derjenigen nach eurem ökonomischen System zu trennen. Und die sogenannte *Climate Science* ist als prominentes Anwendungsfeld von Big Data ein weiterer Aspekt des neuen Zeitkomplexes: Das Sich-Vorweg-Sein der Gegenwart ist für die Klima- und Umweltpolitik imperativ. Die Maßnahmenpakete der Klimaverträge kommen aus der Zukunft zu uns und zielen auf eine antizipative und rekursive Wirkung auf die zukünftige Gegenwart.

Letztes Jahr, während du ein paar Monate in Calarts unterrichtet hast, hat dich die Faszination für Los Angeles und die Westküste immer wieder überwältigt. Du hattest den Eindruck, oder die Scheinevidenz, dass sich die USA in Gestalt von zunächst Silicon Valley – und dann Silicon Beach (in L.A.) und wie die diversen Nachahmer ›hier‹ und ›dort‹ inzwischen auch in Europa und Asien alle heißen –, also mittels einer wieder neuen paradigmatischen Industrie noch einmal neu erfinden.

Hier in Miami, wo natürlich ebensolche Technologiezentren entstehen, scheint dir das auf einmal wenig überzeugend, und du hast den Eindruck, dass all der bezaubernd heroische Optimismus der Westküste – von der Avantgarde in Sachen elektrischer Autos bis hin zu den schwarzen Bällchen, die das Wasser Kaliforniens am Verdunsten hindern – in Miami nicht verfängt. Nicht nur, weil sich der Klimawandel hier nicht in Form von Wasserknappheit zeigt, sondern genau umgekehrt an immer häufigeren Unwetterkatastrophen und längerfristig als drohende Überflutung weiter Teile der Stadt.

Auch steht Miami exemplarisch für die in postindustriellen Städten (an der Grenze zur südlichen Hemisphäre) sichtbaren Auswirkungen von jahrzehntelanger hemmungsloser Ausbeutung von Ressourcen und Ökosystemen. Die Klimaveränderung ist hier schon deutlich greifbar, auch wenn ihre Effekte unfairerweise zuallererst nicht die dafür hauptverantwortlichen westlichen Industrienationen treffen, in die nicht zuletzt deshalb immer mehr Einwanderer fliehen. Das Kollabieren schwacher Staaten der Peripherie, die dann *failed states* genannt werden, und die damit einhergehende Massenemigration sind ja in den letzten Jahren zum beherrschenden Nachrichtenthema geworden. Und nach unzähligen vornehmlich dem Besitz und der Beherrschung von Öl dienenden Kriegen werden in Zukunft Auseinandersetzungen um tatsächlich essentielle Ressourcen wie Wasser folgen. Die konservative oder eigentlich reaktionäre Unterscheidung von politischen oder Wirtschafts- oder Klimaflüchtlingen wird immer absurder werden.

»While the strongest and wealthiest governments, especially in more temperate regions, will be better able to cope with these stresses, expect to see the number of failed states grow dramatically, leading to violence and open warfare over what food, arable land, and shelter remains. In other words, imagine significant parts of the planet in the kind of state that Libya, Syria, and Yemen are in today. Some people will stay and fight to survive; others will migrate, almost assuredly encountering a far more violent version of the hostility we already see toward immigrants and refugees in the lands they head for. The result, inevitably, will be a global epidemic of resource civil wars and resource violence of every sort.«
(Michael Klare)

NATIONALFEIERTAG Einschub. Ärger. Heute ist deutscher Nationalfeiertag, und der in seinem unbedingten Willen zum bürgerlichen Konservativismus fast schon sympathische Ulf Poschardt postet gerade auf Facebook angesichts eskalierender Ereignisse irgendwelcher AfD- oder Pegida-Anhänger bei den einschlägigen Feierlichkeiten einige cool formulierte Zeilen über das Nietenorchester von Dresden. »Sie haben wenig zu melden, sind verbitterte Pfeifen und müssen es mit ihrer eigenen Stumpfheit ein Leben lang aushalten. Sie haben sich heute in ihrer ganzen unansehnlichen Niedertracht bloßgestellt. Und das werden wir nie vergessen. Weitermachen, Deutschland.« Das ist adrett formuliert, aber zugleich – speziell was das Erklärungspotenzial für das Aufkommen der neuen rechten Populisten in Europa oder in Amerika betrifft – so kurzsichtig, wie man es nur von einem patriotischen (neo) liberalen Autofanatiker in Zeiten von Klimaerwärmung und Finanzkrise erwarten kann. Denn wie sieht die Situation in Europa und speziell in Deutschland aus, was sind die Gründe für die sogenannte Flüchtlingsproblematik?

Genau betrachtet sind speziell die in Massen auswandernden syrischen Flüchtlinge ein doppeltes Opfer der klima-geopolitischen Auseinandersetzungen. Zunächst sind sie natürlich Opfer der seit den Golfkriegen noch einmal rasant gestiegenen Instabilität einer ganzen Region. Den ersten Aufständen gegen das Diktatorenregime Assads, dem Ausgangspunkt des Bürgerkriegs, gingen aber Missernten und daraus resultierende vehemente Preissteigerung für Grundnahrungsmittel voraus. Schon von daher sind langwierige Debatten, ob es sich bei den einwandernden Syrern nun um Kriegs- oder Wirtschaftsflüchtlinge handelt, nicht nur zynisch, sondern schlichtweg irregeleitet – Symptom eines unterkomplexen Verständnisses der uns allen bevorstehenden geopolitischen und globalen Situation, deren Betroffene die klimapolitischen Flüchtlinge schon jetzt sind, auch wenn wir das erst in Zukunft verstehen oder am eigenen Leib erfahren werden.

»It would appear that comparatively little energy is needed to run financial systems, as a few taps on a computer keyboard can create millions of dollars instantly and move them around the globe. Nevertheless, the energy transition has enormous implications for finance: heightened debt levels imply an increased ability to consume now with the requirement to pay later. In effect, a high-finance society stimulates consumption, whereas we need to reduce consumption. Transition strategies should therefore include goals such as the cancelation of much existing debt and reduction of the size and role of the financial system. Increasingly, we must direct investment capital toward projects that will tangibly benefit communities, rather than leaving capital investment primarily in the hands of profit-seeking individuals and corporations.«
(Richard Heinberg)

Der Zusammenhang von Ökonomie und Ökologie hat viele Dimensionen. Die post-carbon-Forscher weisen zum Beispiel darauf hin, dass auch finanztechnische Veränderungen in eurer vollvernetzten Welt eine klimapolitische Dimension haben.

Es scheint, du hast dich heute ziemlich (und noch mehr als sonst?) im Zusammenhang von Konsumwahn, possessivem Individualismus, zwanghafter Wachstumspolitik und geopolitischer Vogel-Strauß-Politik verloren – aber was war anderes zu erwarten, nachdem du dich ein, zwei Stunden, schon etwas unkonzentriert, auf Facebook herumgetrieben hast. Ausgangspunkt war ja nur euer wunderbares Dinner gewesen und die Gespräche über eine immer populistischere und regressivere Politik, die zunehmend in krassem Widerspruch zur Realität steht. Oder wie du eher wirst sagen müssen: zu denjenigen Zukunftstendenzen, die sich heute schon in der Gegenwart zeigen. Zuallererst in diesem Miami, in dem du jetzt schon seit zehn Tagen nachdenkst, herumläufst, versuchst, dir die Augen zu öffnen, öffnen zu lassen. Dafür bleiben dir nur noch drei Tage.

Dienstag 4. Oktober: The Contemporary Art of Gentrification – Get ready for the future, it is murder

STRUKTURELLER RASSISMUS Ohne dass ihr es hören wollt und in kaum verständlichem Englisch erzählt der Uber-Fahrer Pablo euch, seinen französisch sprechenden Kunden mehrmals, dass ihr in keiner besonders sicheren Gegend unterwegs seid. Zuletzt, wie du dir einbildest, gerade als ihr eine Gruppe schwarzer Jugendlicher passiert. Er verfährt sich mehrfach, und du ertappst dich bei dem leichten Ärger darüber, dass du ihm wie allen anderen Fahrern wirst fünf Sterne geben müssen, weil du die Einladung von Uber – ohne Bewertung blockiert die App hier in den USA, und du kannst sie nicht weiter benutzen – zu denunziatorischen Urteilen über einzelne Fahrer nicht akzeptieren willst.

Ihr steigt vor dem Honduras-Restaurant aus und seid zunächst nicht sicher, ob es sich um die richtige Adresse handelt. Aber du erinnerst dich, dass von Karaoke die Rede war, siehst dann zwei Billardtische, und weil ihr viel zu früh seid, beschließt ihr, eine Runde zu spielen – was (nach einigen Jahren Spielpause) dann dazu führt, dass zwanzig Minuten später noch die Hälfte der Kugeln im Spiel sind. Natalia kommt als Erste, und du bittest sie, ein Foto von dir in Mansplaining-Pose zu machen, während du Marie die von dir nicht beherrschten technischen Finessen erklärst.

Bei Tisch trinkst du gleich als Aperitif Piña Coladas, schließlich gibt es ja etwas zu feiern: Natalia fliegt morgen nach London für die Buchpräsentation des englischen *Timecomplex Postcontemporary*-Buchs in ihrer und Geans Buchreihe. Die ersten Exemplare sind heute gerade noch rechtzeitig geliefert worden, und du machst schnell ein paar Fotos für Instagram mit den beiden im Buch blätternden Reihenherausgebern. Marie und du, ihr überlegt laut, ob ihr nicht einen Tag früher abfliegen solltet, um dem eventuell drohenden Hurricane Matthew zuvorzukommen. Wie schon bei eurem ersten Treffen, als es um das Zika-Virus ging, vor dem alle Miami-Besuche dringend gewarnt werden, rollt Gean auch bei dem Thema frühere Abreise die Augen.

Dann redet ihr wieder über die Wahlen und darüber, dass es letztlich weniger um den jeweiligen Präsidenten geht, sondern eher um die Frage, ob nun Republikaner oder Demokraten die in den nächsten Jahren anstehenden neuen VerfassungsrichterInnen berufen werden, die die für das Land richtunsgweisenden Entscheidungen treffen. Irgendwann werdet ihr auch über den so schwer zu bekämpfenden strukturellen Rassismus geredet haben, und wie lange du letzten Sommer mit den sich liberal dünkenden verantwortlichen Redakteuren von der Zeit über dieses Konzept ringen musstest, das sie nicht und nicht verstehen wollten und konnten. Und ihr seid euch einig, dass das wichtigste politische Ereignis der letzten Jahre in den USA die Black-lives-matter-Bewegung ist.

Kein Wunder, und nur gut, dass es täglich ein stärkeres Aufbegehren gegen den in den USA institutionell verankerten Rassismus gibt. Die Proteste von #blacklivesmatter-AktivistInnen, und immer neue Videos von Polizeigewalt produzieren auch größere Aufmerksamkeit für die schockierenden Statistiken zur systematischen Kriminalisierung: Mehr als zwei Millionen Afroamerikaner hinter Gittern, beinahe fünf Millionen auf Bewährung (und zugleich Millionen kriminalisierter Bürger ohne demokratisches Stimmrecht) – und das bei gleichzeitiger Aufrüstung der Polizei. Das alles passt zu den zugleich verzweifelten wie zynischen Versuchen eine immer größer werdende Surplus-Bevölkerung zu administrieren.

Auch wenn über die exakte Prozentzahl keine Einigung herrscht, weisen alle Daten darauf hin, dass mehr als die Hälfte aller existierenden Jobs in den nächsten Jahrzehnten durch Automatisierung gefährdet sind. Das sind bedrohliche Aussichten für große Teile der Bevölkerung, für die es zunehmend nur schlechtbezahlte Jobs ohne langfristige Sicherheiten geben wird. Und sie werden in Bereichen wie Altenpflege, Service, Konsum zu finden sein, wie sie auch in Miami florieren, ja geradezu typisch für die Stadt sind (tendenziell sind diese Jobs mit Frauen assoziiert, weswegen sich ja typischerweise der Alltagsrassismus hauptsächlich gegen Männer richtet). Miamifizierung.

Die exzessive Inhaftierungspraxis in den USA, speziell seit den 1970er Jahren, ist vornehmlich gegen die schwarze Bevölkerung gerichtet, und sie hat (neoliberales) System. Progressive Antworten und Lösungen, etwa, dass alle weniger arbeiten müssten und mit einem allgemeinen Grundeinkommen ausgestattet auch freier von Angst und Zwang leben könnten, statt sich mit (mehreren) schlecht bezahlten Jobs oder einer kaum mehr überschaubaren Zahl an Projekten über Wasser zu halten, sind kaum zu hören. Stattdessen regiert der Blick zurück in die Vergangenheit. So predigen Trump & Co. einen letztlich apolitischen Individualismus – in seinem konkreten Fall ausgeschmückt mit selbstbewundernden Kommentaren zu seinen Genen und seinem ›german blood‹. Trump, der Medienstar, ist notwendig auch Trump der Sexist, Trump der Immobilienmogul ist notwendig auch Trump der Rassist. Der keine Steuern zahlende *business man* (*makes me smart*), der bauernschlaue Medienprofi (Miss Housekeeping als *eating machine*) und der mehrfach wegen *racial discrimination* angeklagte Unternehmer, der versucht hat, Afroamerikaner daran zu hindern, seine Immobilien anzumieten, gehören zusammen und sprechen ein und dieselbe postdemokratische Sprache.

Reaktionär ist diese Politik deswegen, weil sie statt in die Zukunft oder aus der Zukunft in die Gegenwart zu blicken, sich an der Vergangenheit orientiert bzw. an dem, was sie als Vergangenheit imaginiert. Eines der bevorzugten Werkzeuge solcher ›liberalen‹ Vergangenheitsgenossen – die immer öfter vulgär auftrumpfende populistische Variante geht eher in eine neofaschistische Richtung – ist die zeitgenössische Kunst, die hier in Miami in einer Offenheit mit den neoliberalen (d. h., eine zweifelhafte Verbindung von privaten und öffentlichen Funktionen einnehmenden) Stadtplanern kooperiert, wie du es aus Europa nicht kennst. Schon dass dich das ArtCenter einladen konnte, geht ja auf den Verkauf jener Immobilie zurück, dem auch Natalia das Budget für ihre Programmgestaltung verdankt.

GENTRIFICATION Das alles wird heute nachmittag Schritt für Schritt deutlicher, beim Ausflug mit den beiden DISCREET-Agentinnen, um Agustinas Show zu sehen. In Nicoles nicht mehr ganz frischem SUV fahrt ihr in Richtung Little Haiti, und die beiden erzählen von Avra Jain, der ehemaligen Wall Street Brokerin, die jetzt riesige Areale in Miami zusammenkauft, ganze Stadtteile überhaupt erst zu solchen werden lässt, denn es bedarf einer gewissen – du hast leider gleich wieder vergessen, wie viele, und dir nur schnell die Namen buchstabieren lassen – Anzahl an Häuserblocks, um das Recht zu erwerben, das jeweilige *zoning* in der Gegend zu ändern. Soll heißen: mit genügend Kapital ausgestattet, können z. B. Gegenden, in denen bisher nur Lagerhallen standen, auf Mischnutzung umgewidmet, also auch für kommerzielle Interessen und vor allem Wohneinheiten genutzt werden.

Ihr fahrt weiter nach Wynwood, das von Tony Goldman ›gemacht‹ wurde, der zuvor für die Transformation des Meatpacking Disctrict in New York hauptverantwortlich war. Ein Haufen mural- oder Graffity-Künstler aus dem Dunstkreis von Jeffrey Deitch – lange Gallerist in New York und nach ein paar Jahren als Leiter des Museum of Contemporary Art (MOCA) in L. A. nunmehr zurück an der Ostküste – wurden extra eingeflogen, um die Mauern eines ganzen Straßenzugs und einiger angrenzender Seitenstraßen einzufärben. *Slow beautification*. Hier stehst du dann erstmals etwas fassungslos vor den sinnlos behübschten Fassaden und Rolläden, hinter denen sich gar nichts mehr befindet. Eigentlich ist hier noch nicht einmal mehr von Gentrifizierung zu sprechen, weder als scheinbar gegen den Willen der Protagonisten vor sich gehender Prozess, noch als von oben herab stadtpolitisch geplante Strategie (wie etwa in Berlin), frei nach dem zynischen Kalkül Richard Floridas (oder seiner Adepten), dass ein paar Künstler(innen) und Homosexuelle der sicherste Weg zur Aufwertung eines problematischen Stadtteils wären.

Umringt von Touristen seht ihr das in der Gegenwart schon erreichte Telos der *contemporary art*. Real ermöglicht und katalysiert zeitgenössische Kunst – und nur auf diese Realität, nicht auf die Illusionen ihrer ausführenden Gestalten, kommt es an – neben der von Kunstmessen wie der Art Basel Miami auf sprichwörtliche Art und Weise praktizierten Geldwäsche vor allem zügiges *property development*. Das steht dir hier in Wynwood deutlich vor Augen. Die heroische Geschichte künstlerischer Boheme und der Einfluss authochtoner lokaler Anwohner, all die verlogenen und dementsprechend beliebten Geschichten künstlerischer Authentizität, derer es in Europa bedarf, um eine hinterherziehende Bourgoisie anzulocken, all das kann hier nonchalant und recht kunstvoll übersprungen werden.

Was Wynwood feiert, ist Gentrifizierung als solche, ohne lästige Künstler, langwierige Prozeduren, Auseinandersetzungen oder altkontinentale Rücksicht auf Befindlichkeiten. Ein paar Flugtickets und luxuriöse Unterkünfte im sonnigen Miami, um zeitgenössische Künstler für einige Woche einzufliegen und unterzubringen, reichen völlig aus. Jüngerer Künstlerinnen wie eurer beiden Reiseführer bedarf es in diesem Zukunftsmodell der Gegenwartskunst höchstens als pittoresker Pausenfüller. Immer wieder bleiben die beiden stehen und erzählen: Von Einbrüchen in ihre Autos und Studios, wie sie an dieser Ecke überfallen wurden, wo Agustinas Galerie früher war (dort gibt es jetzt einen Smoothie shop), wo ihr Studio hier in Wynwood war und wo dieser Tage in Little Haiti, nachdem sie plötzlich auch ihr späteres Studio im Design District verlassen musste.

Nach ein paar Happy-hour-Cocktails und trotz eines Cortados (mit Macadamia-Milch, wie auch anders?) schon leicht betrunken, wie deine mitunter unverständlichen iPhone-Notizen belegen, bittest du noch um einen Umweg durch den Design District. Damit du alles hier und dort in deinem aufgekratzten Zustand Gehörte mit eigenen Augen gesehen hast.

Ein gewisser Craig Robins hat, so wird euch erzählt, große Teile dieses Distrikts vor nunmehr schon dreißig Jahren gekauft und zuletzt immer öfter hippen Künstlern Räume für Studios überlassen – gegen ein Kunstwerk pro Jahr und natürlich ohne rechtsgültige Verträge (*just oral agreements like ›don't use loud tools‹*), dafür mit der Gewissheit, dass irgendwann einmal die Meldung kommt, dass wegen Abriss eine schnelle Räumung vorzunehmen sei. Heute fahrt ihr durch eine mehrere Straßen umspannende *outdoor shopping hall* mit fast ausschließlich Luxusgalerien. Ein angeblicher Höhepunkt ist eine in wilder Yoga-Stellung verbogene überlebensgroße Statue von Kate Moss zwischen Boutiquen von Tom Ford, Givenchy, Bentley und Miu Miu.

Eine Straße weiter liegt das ICA. Ihr steigt kurz aus und versucht in der Dämmerung durch die Glasfassaden eine Skulptur aus Seilen zu sehen, die angeblich für Irritationen gesorgt hat. Ein Ende der Schnur soll zur vaginalen Einführung gedacht sein. Dich interessiert eher der Streit zwischen dem von der Stadt bestellten Leiter des alten MOCA und einigen Vetretern des Museumsboards – schillernde Figur hier Norman Braman (und seine kunstliebende Gattin), ein in der Autoindustrie reich gewordener Besitzer eines NFL-Teams, der in Miami zunächst notorische Bekanntheit für seinen erfolgreichen Kampf gegen den von der Stadtverwaltung geplanten Ausbau der öffentlichen Verkehrsmittel erlangte. Die geldgebenden Kunstsammler haben dann nach längeren Gerichtsverhandlungen einen Großteil der (gestifteten? geliehenen?) Kunstwerke wieder abgezogen und kurzerhand ein anderes Kunstzentrum aus dem Boden gestampft, einstweilen in einem provisorischen Gebäude, aber nächstes Jahr wird die sicherlich arg (institutions)kritische zeitgenössische Kunst ihren endgültigen Ort im Design District haben.

Über dieses ICA und sein Public Programm, das Gean organisiert, wirst du an dem Abend noch mit ihm gesprochen haben, auch über seinen faszinierenden Text über das Miami World Center, dessen Architektur am ehesten anhand der Werbevideos mit ihren un- bzw. hyperrealistischen Bewegungen durch den Raum, also mittels kamera- oder linsenfreier und damit reflexionsfreier Digitalbilder ohne Spiegelungen zu verstehen sei, wie er ausführlich mit Evan Calder Williams belegt, der bei dem Dinner, ohne dass du es wusstest, neben dir gesessen haben wird.

STADT DER ZUKUNFT Am nächsten Tag werden Marie und du einen kurzen Spaziergang zu eurem Katerfrühstück machen. Vom ArtCenter, in dem ihr jetzt untergebracht seid, sind es nur wenige Minuten bis zu dem nach traditionellem Sammler- und Gentrifizierungsmuster geplanten Pérez Art Museum, ein schöner und angenehm ruhiger Bau direkt am Wasser. Tatsächlich gibt es dort das von allen angekündigt gute Essen und einen wunderbaren Ausblick. Kunst soll man hier nicht einfach rezipieren, sondern man will den Betrachter aktivieren, weswegen er am Ende einer Ausstellung von Basquiats natürlich ›genialen‹ Notizbüchern selber in die gleichen – *he always used the same ones, even when he could afforded more expensive ones* – Notizbücher kritzeln darf.

Auf dem Rückweg, gleich ums Eck von eurer Unterkunft, besucht ihr dann die im Entstehen befindliche *City of the Future*, ein riesiges Areal in einem der zukünftigen Stadtzentren, *A City within a City*, besagtes *Miami Worldcenter*. Ihr meldet euch an, werdet mit Kaffee und Kuchen bewirtet und verbringt einige Minuten mit der Betrachtung des minutiös gebauten Modells, vor allem des im siebenten Stockwerk einsetzenden Wohngebäudes (darunter sind mehrere Ebenen an Luxus-Shoppingmalls und Parkgaragen vorgesehen, auf den anderen Grundstücken des Riesenareals werden Luxushotels, Konzertarenen und ähnliches geplant). Von den zukünftigen Condos blickt ihr hinunter auf ein Fußballfeld, Tennisplätze und einen *dog park* rechts, links die *Floating Seating Pods* und *outdoor pools* im neunten Stock, und ihr schaut hinein und hinaus aus dem sechzigsten Stock mit seinem Infinity Pool. Noch viel ausführlicher und voller faszinierender Details – von dem Outdoor BBQ, das euer aller Concierge für euch vorbereiten wird (schon heute könnte sie euch Massagen und Konzerttickets organisieren!), bis zu dem *jam room* mit *recording studio*, das ihr besuchen werdet, nachdem eure Autos für euch geparkt sind – macht ihr diesen Ausflug dann noch einmal in der Multimedia-Vorführung von Alicia, die euch zugewiesene *sales executive*. Sie spricht sich so schnell in Begeisterung, dass ihr immer wieder die Luft ausgeht, auch als ihr schon in eurer zukünftigen Wohnzimmerküche angekommen seid (obwohl Alicias Lieblingsausstellungsstück das Badezimmer ist, und noch Stunden später hörst du, wie sie immer wieder *master bedroom* ausruft, immer wieder *master bedroom*, vielleicht auch deswegen so eindrücklich für dich, weil du immer noch nicht nachgefragt hast, was das mit einem *master* zu tun hat). Hier und jetzt hätte die Verfilmung von Ballards *High Rise* gedreht werden sollen, aber vielleicht kannte der Regisseur ja auch schon die Pläne von *Paramount*, wie die Betreiberfirma des architekturvideohaften *Miami Worldcenters* sinnigerweise heißt. Jetzt und hier wird sie gebaut, *the future*.

The future, summt es beim Verlassen des provisorischen Verkaufsraums in deinem Kopf. *Things are going to slide …* Auf dem Weg zum Supermarkt, um etwas Milch zu kaufen, suchst du auf dem iPhone den Song von Leonard Cohen und spielst ihn Marie vor. *I've seen the future, baby: it is murder*.

Mittwoch 5. Oktober: Interview und Selbstbefragung

TECHNIK Morgen Nachmittag fliegt ihr schon zurück. Heute früh also wohl ein letztes Mal Ruhe zum Schreiben während es draußen noch dunkel ist. Aber langsam musst du auch darangehen, die vielen unbeantworteten Emails und kleineren organisatorischen Dinge abzuarbeiten, die sich angesammelt haben. Das beunruhigt dich und lenkt dich ab. Du weißt auch nicht genau, wie und worüber weiterschreiben. Bist du aus dem Rhythmus gekommen? Oder hast du dich die letzten Tage mit den vielen Beschreibungen eurer Miami-Unternehmungen verausgabt, und es bedarf eines Rhythmuswechsels? Gestern auch die mahnende Erinnerung von Wolfram Eilenberger, wie es denn um die Beantwortung der vergangene Woche geschickten Fragen steht, und dein Versprechen, das bis morgen zu erledigen. Du setzt dich also an das Interview, auch weil das um einiges interessanter ist, als unterbezahlte Vortragsanfragen höflich abzusagen (heute auch im Genre deiner Lieblingseinladungen ohne Honorarangebot, garniert noch dazu mit der Information, dass nur wegen einer Absage ein Platz frei geworden sei und zum Vortrag der druckfertige Text vorliegen soll, damit der in einer schon bald anstehenden Publikation erscheinen kann). Außerdem ist ein Interview in jedem Fall amüsanter als Zugtickets zu organisieren, die Unterkunft in Brüssel und Amsterdam am Wochenende zu bestätigen und was du sonst noch so ansteht.

Beim Lesen der Fragen tauchen Wörter, Ideen und Formulierungen auf, und in dir beginnen sich Einfälle auszusieben, auch mittels eines Filters, der sich um ein Minimum an Lebendigkeit bemüht. Schwierig bei einem schriftlichen Interview. Aber denk an deine letzten Auftritte mit Wolfram oder mit Svenja Flaßpöhler für das Philosophie Magazin auf der PhilCologne, da hat das ja ganz gut geklappt, oder bei der eigenwilligen School of Life. Suche nach dem richtigen Ton.

Macht das Internet unser Leben wirklich besser, Herr Avanessian?
Das Gespräch führte Wolfram Eilenberger

An dieser Stelle schildern Philosophen unserer Zeit ihre Sichtweise auf die Frage nach dem guten Leben. Diesmal Armen Avanessian darüber, welche Haltung wir gegenüber dem Internet und der Digitalisierung einnehmen sollten.

WE Herr Avanessian, wie viele Stunden verbringen Sie täglich im sogenannten »Netz« – und was tun Sie dort hauptsächlich?

AA Sie stellen die Frage so, als ob das Netz irgendwo anders, weit draußen wäre – ja als ob wir es überhaupt noch willentlich verlassen könnten. Aber egal, ob ich meinen Computer nun aufgeklappt habe oder mein Telefon mal kurz im Flugmodus ist: In Wahrheit senden und empfangen »wir« – das heißt die überwältigende Mehrheit der westlichen Bevölkerung – ständig Signale und sind in diesem Sinne stets im Netz, das heißt auch dann, wenn wir uns nicht bewusst online wähnen.

WE Welches sind die wichtigsten, bereicherndsten Erfahrungen, die Sie in diesem digitalen Raum machen?

AA Nun, ich antworte Ihnen auf diese Frage »hier« in Miami, per Skype, vor meinem Laptop sitzend. Später werde ich einige Antworten vielleicht noch einmal im Flugzeug bearbeiten, und dabei womöglich auf Gedanken aus einem Artikel zurückgreifen, den ich vorgestern am Strand ebenfalls per Computer gelesen habe. Ich denke, damit ist Ihre Frage bereits ausreichend beantwortet.

WE Geraten Sie beim Surfen im Netz auch manchmal in einer Art »Flow« – also einen höchst angenehmen Zustand des freien, produktiven Gedankenflusses?

AA Ich bin kein Fan von ästhetischen, mithin subjektiven Rauscherfahrungen beim Konsum von digitalen oder sozialen Medien. Wie bei allen Medien geht es darum zu lernen, sie sinnvoll zu nutzen. Das ist eine Aufgabe, die nicht allein subjektiv zu lösen ist, sondern es handelt sich um eine gesamtgesellschaftliche Herausforderung.

WE Viele Denker und Intellektuelle sehen derzeit geradezu einen Gegensatz zwischen der Idee des »guten und bewussten Lebens« und den Prozessen der Digitalisierung. Wie ist das bei Ihnen?

AA Für mich bedeutet ein bewusstes und gutes Leben zunächst einmal: in der Gegenwart zu leben. Also, so schwer uns das angesichts der rasanten technologischen Veränderungen auch fällt, Zeitgenosse unserer Gegenwart zu sein. Mit im Nichts verhallenden Aufrufen, sich an der Vergangenheit zu orientieren, in der es noch »weniger gehetzt« zuging, in der man »noch mehr von Angesicht zu Angesicht« miteinander gesprochen hat, in der allgemein »alles besser« gewesen sein soll … also mit einer nostalgischen Vergangenheitsgenossenschaft kann ich nichts anfangen. Damit wird unser Leben nicht besser werden und wir uns nicht weniger fremdbestimmt fühlen. Mein Ziel ist eher, die Herausforderung einer immer mehr von der Zukunft bestimmten Gegenwart aufzunehmen, also so etwas wie eine Zukunftsgenossenschaft zu entwickeln.

WE Das fällt vielen Menschen gerade schwer, gerade hier im alten Europa. Warum ist die Technikskepsis im alten Europa so viel stärker ausgeprägt als beispielsweise in Nordamerika oder Fernost?

AA Ist das denn wirklich so? Ich bin mir da gar nicht so sicher. Es könnte ja sein, dass dieser Eindruck nur von ein paar immer weniger werdenden Meinungsmachern vermittelt wird, insbesondere solchen, deren mediales Überleben durch die Digitalisierung gefährdet wird. Konkret gefragt: Wer darf im bürgerlichen Feuilleton publizieren? Wie ist es möglich, dass unsere angeblichen Qualitätsmedien so gerne ein düsteres Raunen als tiefschürfende philosophische Kulturkritik verkaufen? Ich halte all dieses nostalgische Lamentieren für den Ausdruck einer denkbar unproduktiven Abwehrhaltung, ja, eines zutiefst apolitischen Analphabetismus in Sachen Technologie.

WE Was halten Sie von der These, zu seinem wahren Selbst und zu wirklich befriedigenden Erfahrungen finde man viel eher in der Natur als im Bereich der digitalen Welten?

AA Von dem Philosophen Michel Foucault können wir lernen, dass unser Selbst nicht einfach so von allein entsteht, sich entwickelt oder wächst, sondern dass es immer schon ein produziertes, auch von anderen mit gewissen Zielen gestaltetes Selbst ist. Und der jeweilige technologische Stand einer Gesellschaft spielt bei dieser »Produktion« von Subjekten eine entscheidende Rolle. Wenn man diesen Gedanken ernst nimmt, wird die Suche nach einem wahren Selbst, das angeblich irgendwann einmal verloren gegangen ist und wiedergefunden werden soll, zu etwas Sinnlosem. Natur und Technik sind immer schon vermischt, genauso so wie jede Gesellschaft ein jeweils anderes Mischungsverhältnis von Produktion, Technik und Subjektivität aufweist. Dieser Gedanke hat auch sehr ermutigende Aspekte: Denn wir leben doch in einer unheimlich spannenden Zeit und sind möglicherweise Zeitzeugen einer ganz grundlegenden Veränderung! Neue, andere Selbst und Subjekte entstehen, denn immer öfter sind Technologien nicht mehr nur dazu da, die Form und den Inhalt von Produkten zu steuern, die dann von Menschen konsumiert werden. Stattdessen wenden sich die direkt an den Menschen als eigentlich zu gestaltendes Produkt.

WE Worauf muss man in dieser Situation achten, um nicht ganz und gar zum Spielball fremder Interessen zu werden?

AA Immer wichtiger wird in Zukunft deswegen die direkte Schnittstelle von unserer subjektiven Biologie und unseren Technologien sein. Wir brauchen da gar nicht an Science Fiction oder implantierte Chips zu denken. Ein uns allen bekanntes Beispiel dieser neuen und zukunftsweisenden Schnittstellen zwischen Körper und Technik sind unsere Smartphones. Wenn die nicht zu unserem wahren Selbst gehören, was dann? Und jeder kann sich in bestimmten Situationen zunächst selbst die Frage stellen: Bin ich es, der mein Smartphone benutzt – oder benutzt mein Smartphone am Ende mich?

WE Tatsächlich gab es ja seit 1989, mit der Erfindung des World Wide Web, eine Art utopischer Hoffnung: Alle Menschen sollten über die Möglichkeiten des Netzes Brüder werden, Information sollten für alle zugänglich, freie Kommunikation für alle möglich sein? Was ist aus Ihrer Sicht daraus geworden?

AA Zugespitzt formuliert könnte man sagen: das freie und anonyme Internet existiert gar nicht mehr. Wir sind schon post-internet. Stattdessen weiß dieses neue Netz heute immer schon, wo wir sind oder sogar wo wir als nächstes sein werden, es weiß, was uns interessiert oder als nächstes interessieren wird. Es weiß, was wir wollen und was wir begehren. Das Internet weiß heute also schon mehr über uns als wir selbst. Und wir müssen lernen, diese aus der Zukunft kommende Zeit zu verstehen und in unser Leben zu integrieren. Weil, davonlaufen können wir ihr wie gesagt nicht mehr.

WE Sehen Sie die Gefahr, dass aus dem gesamten digitalen Raum ein Raum der Überwachung und Angst wird? Dass er unsere Demokratie gefährden und unterwandern kann?

AA Es bedarf neuer politischer Subjekte und neuer demokratische Modelle. Mit dem Modell der griechischen Polis und seinen Kommunikationsangeboten kommen wir gegen die tweetenden Trumps nicht mehr an. Es geht darum, die natürlich verständliche Angst vor den neuen technologischen Medien abzulegen, ihre Chancen zu verstehen und für emanzipatorische Zwecke zu nutzen, denn sonst werden sie nur zu kommerziellen und geheimdienstlichen Zwecken genutzt.

WE Und wenn ja, welche Mittel hat jeder einzelne von uns, dieser Gefahr zu begegnen?

AA Wie alle umfassenden politischen Entwicklungen handelt es sich nicht um Entscheidungen von Einzelnen, sondern es bedarf neuer Formen der Kollaboration und Organisation. Was jeder einzelne zumindest tun kann, ist, seine Daten so gut wie möglich zu verschlüsseln. Momentan schreiben, telefonieren, skypen die meisten von uns wie mit offen lesbaren Postkarten – das ließe sich leicht durch allgemein zugängliche Verschlüsselungsprogramme ändern.

WE Sehnen Sie sich manchmal nach Ihrer Jugend zurück, also eine Welt ohne die Omnipräsenz des Netzes?

AA Ja, damals wollte ich Fußballer werden. Diesen Traum habe ich nächtelang mit irgendwelchen Spielen auf Steinzeitcomputern ausgelebt.

SUBJEKTPRODUKTION Du hängst das File an deine Email an und schreibst Wolfram ein paar Worte. In seiner Email hatte er noch einmal angeführt, die Leser_innen des Magazins seien an Philosophie interessiert, aber nicht unbedingt philosophisch vorgebildet, und die Antworten sollten etwas populärer sein. Darauf Bezug nehmend, und damit diese nicht gestrichen wird, erwähnst du, dass dir besonders die etwas kompliziertere Antwort auf die sechste Frage zu Technologie und Subjektivierung wichtig sei. Und dass du mit ein paar Witzen versucht hast, das zu kompensieren.

Nach kurzer Überlegung hast du das Interview vorhin hier in dieses Manuskript kopiert. Und warum nicht jetzt, später, weiter der Frage nach der Rolle von Technik, und was eine spekulative poetische Sicht zu Fragen der Technologie heute beitragen kann, nachgehen? Auch weil dich das zwingt über den Zusammenhang mit deinen letzten Eintragungen hier nachzudenken, also die Brücke zu den allgemeineren gesellschaftlichen und ökonomischen Fragen zu Postdemokratie, Semiokapitalistismus und vor allem Post-Produktion zu schlagen.

Nun ist Technologie, nicht anders als Kapital, immer ein soziales Verhältnis (nur eben zwischen Menschen und Nicht-Menschen), und transformiert mitunter sprunghaft die Vorstellung dessen, was Gut und Böse ist. Entscheidend ist somit, wer ihr welche Bestimmungen oder Ziele zu geben vermag. Wie und auf welche Weise ihr euer Leben mit Technologien vermischt und in welcher Gesellschaft ihr damit lebt.

Vielleicht musst du dieses Thema ja von der im Interview angesprochenen Frage der Subjektivierung aus angehen. Denn selbstverständlich spielen auch unterschiedliche Technologien jeweils eine Rolle bei der Produktion von Subjektivität. Es geht also um die zeitgenössische Veränderung des Verhältnisses zwischen Produktion, Technik und Subjektivität. Immer öfter sind Technologien nicht mehr (nur) dazu da, Form und Inhalt von Produkten zu steuern, die dann von Menschen konsumiert werden. Stattdessen seid ihr Zeitgenossen einer paradigmatischen Verschiebung.

Wie viele Medien- und Technikphilosophen (in der Nachfolge Heideggers und Simondons) der letzten Jahre meinen, überspringen Technologien zunehmend den Umweg über die Produktion und wenden sich direkt an den Menschen. Immer wichtiger wird (in Zukunft) die direkte Schnittstelle von Körper und Technik, Maschine und Mensch, oder um einen Ausdruck von Tiziana Terranova zu gebrauchen: *BioHypermedia*. An dieser Schnittstelle tritt ein beängstigender Überschuss an Sinn, ein neuer Möglichkeitshorizont, auf, den ihr einstweilen nicht einmal ansatzweise bewältigen könnt.

»Man kann Werkzeuge nicht von den Symbiosen oder Mischungen trennen, die ein maschinelles Gefüge Natur-Gesellschaft definieren. Sie setzen eine Gesellschaftsmaschine voraus, die sie selektiert und sie in ihr ›Phylum‹ aufnimmt: eine Gesellschaft wird durch ihre Vermischungen und nicht durch ihre Werkzeuge definiert.« (Gilles Deleuze / Félix Guattari)

»Die Technik scheint dahin zu tendieren, eher einer praxis zu ähneln als einer poiesis. Sie verändert eher die Agenten – sich selbst und den Techniker –, als dass sie ein Produkt herstellt.« (Jean Luc Nancy)

An diesen Übergängen befände sich dann wohl auch die gesuchte Brücke zu einer Transformation der Kategorie Arbeit in eurem postkapitalistischen Kapitalismus. Denn die zeitgenössische Tendenz der Technik deutet auf einen zunehmenden Rückgang von »Arbeit als Produktion« hin.

Das würde eine fundamentale Transformation nicht nur eures Verhältnisses zu einzelnen Technologie, sondern sowohl von Arbeit als auch von Technik selbst bedeuten. Der durch die digitalen Technologien beförderte Rückgang an produktiver (ergebnis- oder objektorientierter) Arbeit erhält von hier aus seine technikphilosophische Erklärung. Die ›traditionelle‹ – für eine an Fabrikarbeit orientierte Arbeitswertlehre noch plausible, in einer Dienstleistungsgesellschaft und mit zunehmender Digitalisierung aber immer weniger glaubhafte – Matrix von Produktivität, Arbeit und Technik ist aus den Fugen geraten. Deswegen macht es immer weniger Sinn (für euch Menschen), wenn ihr euch über eure Arbeit definiert, wie es euch die von Marx her kommende linke Tradition gelehrt hat.

»Eben in der Bearbeitung der gegenständlichen Welt bewährt sich der Mensch daher erst wirklich als Gattungswesen. Diese Produktion ist sein werktätiges Gattungsleben, Durch sie erscheint die Natur als sein Werk und seine Wirklichkeit.« (Karl Marx)

Für all diese Entwicklungen gilt in höchstem Maße, dass sie zugleich im vollen Gang sind, und ihr gleichzeitig größte Schwierigkeiten habt, ihre Zeitgenossen zu sein.

Eben kommt eine Email von Airberlin, dass euer morgiger Flug wegen des näherkommenden Hurricanes gestrichen ist. Schlechte Nachrichten. Die gute Nachricht: Selbst dein Über-Ich kann nicht verlangen, dass du hier jetzt weiterschreibst, und deinem Schreib-Ich ist hiermit ein total wahrhaftiges Kapitelende in den Schoß (warum eigentlich in den Schoß?) gefallen.

Donnerstag 6. Oktober: Arbeiten Under the Hurricane

UMORIENTIERUNG Zum zweiten Mal erlebst du einen Hurrikan in den USA mit. Schon vor zwei Jahren warst du bei Hurricane Sandy an der Ostküste. Genaugenommen warst du – gegen alle Warnung und weil du den Alarmismus der Amerikaner nicht ganz ernstnehmen wolltest – just an dem Tag von L.A. zurück an die Ostküste geflogen und konntest dann, statt Freunde zu treffen, gerade noch die allerletzte planmäßig fahrende Metro North zurück nach Yale nehmen. Wo, nur 120 km von New York entfernt, nicht mehr als ein etwas stärkerer Sturm zu spüren war. Miami wird möglicherweise im Zentrum eines Hurrikans der Kategorie vier (von fünf) liegen. Anders als in New Haven bist du hier aber in einem, wie dir versichert wird, absolut sicheren Gebäude untergebracht, sogar die Fenster seien *hurrican-safe*, sagte Natalia kurz vor ihrem Abflug nach London, und dass sie schon einmal zwei Monate mit fast wöchentlichen Hurrikans erlebt habe, es bestünde also gar kein Grund zur Beunruhigung. Alles wird gut. Sagst du dir und allen die danach fragen. Und ertappst dich dabei, doch noch zu notieren, dass du das Manuskript zur Sicherheit an Bernd, deinen Lektor, schickst. Für den Fall, dass etwas schiefgeht, dass er sich um den Text kümmert. Aber genaugenommen nur um den Vielbeschäftigten neugierig zu machen und vielleicht doch zu bewegen, sich das Manuskript gleich anzusehen. Etwas *emotional blackmail* kann nicht schaden.

All dieses Geplänkel hilft aber auch nicht weiter bei der täglich wichtiger werdenden Frage nach dem Abschluss dieses Manuskripts. Zu den klimapolitischen Rahmenbedingungen der immer öfter und heftiger auftretenden Umweltkatastrophen hast du nicht mehr zu sagen, als du en passant bereits getan hast. Du musst noch darüber nachdenken, was es bedeuten würde, die anthropozänen Klimaveränderungen auf sich selbst zu beziehen, zu einem Teil von sich zu machen, oder genauer: die ethischen und politischen Konsequenzen daraus zu ziehen, dass dies schon längst der Fall ist. (Am härtesten trifft es jedenfalls auch in diesem Fall ehemalige Kolonien wie Haiti, wo viele Menschen noch unter den Auswirkungen des massiven Erdbebens vor sechs Jahren leiden und die auch dem Anstieg des Meeresspiegels in den nächsten Jahren am wenigsten entgegenzusetzen haben werden).

Der Plan, heute und morgen wieder neun Stunden stillzusitzen und den wie immer künstlichen (Flugzeug-)Druck zum Finden einer Lösung zu benutzen, hat sich jedenfalls zerschlagen. Auch droht die Gefahr, in Meta- und Metametaüberlegungen abzugleiten wie gestern, als du Marie das Interview von einem Ende des Raums in den anderen gemailt hast mit der Frage, ob das auch etwas für das Manuskript sei – und dann überlegt hast, ob oder wie ihr Feedback darin Eingang finden müsste. Je länger ihr hier in Miami seid, je mehr Zeit Marie hatte, sich an eure gemeinsame Gegenwart heranzulesen, seit der Entscheidung, deine Notizen zu einem Buch werden zu lassen und sie deswegen ihr, deiner nun auch noch Schreibreiselesebegleiterin, zur Lektüre zu geben, mit jedem Tag erhöhnt sich die Gefahr eines reflexiven Kollabierens des Projekts.

ARBEIT Wie ein Ende finden für diese Arbeit? Vielleicht indem du die gestrigen Überlegungen zu Arbeit noch einmal aufnimmst und dich fragst, wie es nicht zuletzt um deine eigene immaterialle und materielle Arbeit bestellt ist? Und, weil das ja dein Ausgangspunkt gewesen ist vor zwei Wochen, inwiefern das Nachdenken und Arbeiten an deinem Langzeitprojekt einer Spekulativen Poetik Relevanz hat für politische oder gesellschaftliche Fragen und wie sich die Differenz zur (post-) kapitalistischen Ästhetisierung eurer Arbeits- und Produktionsbedingungen bestimmen lässt.

In den gemeinsamen Büchern mit Anke habt ihr das als eine bestimmte historische Konstellation von *poiesis* und *praxis* beschrieben, die sich inzwischen in Auflösung befindet. In dem Buch über das Tempus Präsens seid ihr von Agambens ursprünglicher Unterscheidung dreier Kategorien ausgegangen, die ihm zufolge vor allem in der Neuzeit, systematisch aber in der Moderne, verloren gegangen ist: erstens Aktion (*action*), zweitens Produktion (*poiesis*, verstanden als Herstellung einer Wahrheit) und drittens Arbeit (*work*), wobei das produktive Moment von *poiesis* unter den Auspizien der Ästhetik undenkbar oder ausgeschlossen wurde. Speziell in Zeiten des immer weiter fortschreitenden und sich entwickelnden industriellen Kapitalismus hat dann die Dominanz der Kategorie Arbeit die Eigenheit der einzelnen Kategorien unscharf werden lassen.

Heute ist dieses Paradigma an sein Ende geraten und wird zunehmend von anderen abgelöst, etwa ›Beschäftigung‹, was mit den gegenwärtigen (post)kapitalistischen Transformationen korreliert.

Immer geringer fällt auch eine positive Identifikation mit den spezifischen Fähigkeiten aus, die einen zum Subjekt seiner Arbeit machen. Stattdessen herrscht eine indirekte, quasi negative Identifikation mit dem Job – aus Angst, diesen zu verlieren und mit zunehmendem Ressentiment (xenophob, autoritär, protofaschistisch) gegen all jene, die den eigenen Arbeitsplatz vermeintlich bedrohen. Aber wie der Tod des liberalen und selbstbestimmten Subjekts nicht aufzuhalten ist, so auch nicht das ›Ende der Arbeit‹ (in jenem im 19. und 20. Jahrhundert verselbständigten Sinn). Beide beschleunigen sich in (zeit)komplexen Gesellschaften unter dem Druck der neuen Technologien.

Nun sind Ausländerfeindlichkeit und Rassismus auf doppelte Weise irreführend. Erstens sind sie ein probates Instrument im Dienste der berüchtigen 1%, also im Dienste der Ablenkung von den eigentlichen Profiteuren eures Wirtschaftssystems, das bei geographischem Aufeinandertreffen der Ausgebeuteten und Benachteiligten deren Solidarisierung vereitelt. Zweitens lenken sie davon ab, dass ihr das Paradigma der Arbeit (und das heißt nicht nur das Zeitalter der Vollbeschäftigung!) aus sowohl

»If we think of work as labor, it implies a beginning, a producer, and eventually a result. Work is primarily seen as a means to an end: a product, a reward, or a wage. It is an instrumental relation. It also produces a subject by means of alienation. An occupation is not hinged on any result; it has no necessary conclusion. As such, it knows no traditional alienation, nor any corresponding idea of subjectivity. An occupation doesn't necessarily assume remuneration either, since the process is thought to contain its own gratification. It has no temporal framework except the passing of time itself. It is not centered on a producer/worker, but includes consumers, reproducers, even destroyers, timewasters, and bystanders—in essence, anybody seeking distraction or engagement.« (Hito Steyerl)

finanzpolitischen wie technologischen Gründen bereits verlassen habt. Die Krisen der letzten Jahre zeichnet ja nicht zuletzt aus, dass auch in den periodisch eintretenden Erholungsphasen nicht mehr, wie ihr das in den keynesisanischen Jahrzehnten der zweiten Hälfte des 20. Jahrhundert gewohnt wart, die Beschäftigungszahlen steigen. Daran ändern auch immer neue Austeritätsprogramme nichts, ganz im Gegenteil. Ihr lebt bereits im Zeitalter einer zunehmend prekären oder prekarisierten Überfluss-Bevölkerung. Sie nimmt ebenso zu wie der Überschuss-Sinn, und auf beides hat die offizielle Politik keine Antworten. Oder anders: Die alten Antworten und Versprechen der Vergangenheitsgenossen des Establishments taugen nicht mehr, um zunehmender Arbeitslosigkeit und den auf längere Sicht daraus resultierenden sozialen Unruhen oder dem Siegeszug neofaschistischer Grossversprecher vorzubeugen.

POST-ARBEIT Was ist der Zusammenhang zwischen den Beschäftigungs- oder (Post-)Arbeitsformen und den Produktionsbedingungen (und Konsumverhalten) in technologisch komplexen Gesellschaften? Hier habt ihr es wieder mit zwei Tendenzen zu tun, die sich nur auf den ersten Blick zu widersprechen scheinen: Einerseits die Produktion einer Überfluss-Population, andererseits die zunehmende Präokkupation der Werktätigen mit ihrer Arbeit(slosigkeit).

Was du zuvor als (trügerische, aber für die wohlhabenden Zentren unseres Wirtschaftssystems gleichwohl gültige) Entmaterialisierung von ›Arbeit‹ oder ›immaterielle Arbeit‹ angeführt hast, bringt noch eine weitere Auflösung mit sich: diejenige der Trennung zwischen Arbeits- und Freizeit. Je weniger ihr in eurer flexiblen Ökonomie über feste Arbeitszeiten verfügt, desto mehr diffundiert eure Lohnarbeit bekanntlich in alle ›anderen‹ Lebensbereiche. Arbeit ist Nicht-Arbeit ist Arbeit ist Non-Arbeit.

Deswegen ist es wohl kein Zufall, dass du immer wieder

»The prerogative of immaterial industry becomes the production of subjectivities and worlds—and these are cultural and creative categories, not economic ones. Consumption in turn gives rise to a consumer who does not merely devour, but communicates, is ›creatively‹ engaged. In this way, production activates and occupies life, social and societal space, the intellect, the ›soul.‹ Contemporary material labor only reproduces this scheming of worlds, situations,

auf die Postoperaisten als Post-Arbeits-Theoretiker – ich weiß gar nicht, ob es auch Postoperaistinnen gibt – zurückkommst, die euer Wissen, eure Sprache, eure Gefühle als Teil einer Gesamtmaschinerie verstehen. Allerdings interessieren dich aus einer spekulativ-poetischen, d. h. aus der Zukunft denkenden und auf Produktion fokussierenden Perspektive eher die materiellen Aspekte von Wissen und Wissensproduktion. Das stand von Anfang an im Fokus der *Spekulativen Poetik*.

and events automatically, finding itself on the periphery of strategies of modern production.« (Keti Chukhrov)

NANO Als ihr Nathan Brown zu einem Workshop bei Merve eingeladen habt letztes Jahr, warst du fasziniert von seiner waghalsigen Hypothese, dass »poetry, as making, is a practice of material construction. (...) At the limits of fabrication, technē and poiēsis, technique and making, are more difficult to distinguish than ever.« Du hast dann gleich den von ihm ausgiebig zitierten Reader *Nanochemistry: A Chemical Approach to Nanomaterials* bestellt und in mehreren Anläufen versucht, diese Materie zu durchdringen. Dass dir das gelungen wäre, kannst du nicht behaupten, aber dir sind zumindest ein paar Zitate und ein anhaltendes Interesse geblieben, oder ehrlicher gesagt: eine mittlere Verzweiflung darüber, eigentlich die falschen Fächer studiert zu haben.

»Heute sind wir mit einem anderen Spektrum von Materialien konfrontiert, das möglicherweise genauso transformativ ist. Von der Biotechnologie über das Internet der Dinge, die Künstliche Intelligenz, die Robotik bis hin zur vernetzten additiven Fertigung und Replikation bietet diese Palette in einem bislang unvorstellbaren Ausmaß Möglichkeiten zur Rekombination von Materie, die lebendes Gewebe in ein plastisches Medium verwandelt und anorganische Maschinen und Landschaften mit praktischer Intelligenz versieht. Das soziale und ökologische Projekt des Spekulativen Designs beschränkt sich nicht darauf, diese neuen Register

In der Tat setzt Nanotechnologie genuin poetische Verfahren ein, weil die Formung der Materie keine äußerliche, sinnlich wahrnehmbare ästhetische ist, sondern in das Gefüge der Materie selber eingreift, sie neu herstellt und produziert. Und es handelt sich um einen rekursiven Vorgang mit oder in eben derjenigen spekulativen Temporalität, die auch die diversen Präemptionsphänomene oder derivative Finanzmodelle kennzeichnet.

Die Technowissenschaften insgesamt zeigen, so Suhail Malik, dass »the *before* of nature is itself recursively modified by the *after* of anthropotechnical intervention«, dass also eine temporale Rekursion jenseits von metaphysischer Chronologie und aisthetischer Phänomenologie stattfindet. Statt um ästhetische Erfahrungen, die ihr primär am eigenen Leib macht, geht es um poetische Erfahrungen, hergestellt im Labor. Vielleicht kannst du das noch einmal verdeutlichen, wenn Wolfram das Interview zurückschickt zum Absegnen oder zur Korrektur.

der Materie souverän zu bespielen, sondern einen (wirklich) neuen Materialismus zu konzipieren, der die Gestaltung der Gesellschaft in einem Bild ihrer weitgehend noch immer unbekannten Potenzialitäten zeigt.« (Benjamin Bratton)

»The nanoprogramming of matter is not just a thing of the future, but is here an instance of how the present is defined by futurity: the potentiality of matter to be infinitely autonomous from what it is intended to be.« (Luciana Parisi)

Während einige Zentimeter links von dir, hinter dem (hoffentlich) hurrikansicheren Fenster, der Wind anzieht und der Himmel sich weiter verdunkelt, bereust du, dich nie ausreichend mit den diversen *geo-engineering technologies* auseinandergesetzt zu haben. Denn es ist heute bereits möglich, die Materie selbst zu designen, nicht nur ihre äußerlichen Formen. Und folgt man der spekulativen Zeitlogik der Proponenten des Anthropozäns, dann werdet ihr schon seit Jahrhunderten eure geologische Umwelt verändert haben. Was, wenn ihr bald auch auf die Atmosphäre Einfluss nehmen könnt, auf das einstrahlende Sonnenlicht, die Temperaturen und damit die Winde. (Auf dem Weg von den Bahamas nach Florida nimmt Matthew gerade über dem warmen Meerwasser noch einmal Schwung auf; und in Haiti ist die Zahl der Todesopfer schon auf 108 gestiegen, liest Marie gerade vor.)

Auch die neuen Technowissenschaften sind also Ausdruck des *postcontemporary* oder nachzeitgenössischen Zeitkomplexes, der nicht mehr über eine menschlicher Erfahrung zugängliche Gegenwart zu verstehen, ja dieser eventuell gar nicht mehr zugänglich ist.

»*Es folgt, dass man, indem man das Anthopozän wie alle anderen Phasen der Erdgeschichte, über ein Stratum definiert, es in seinem Sein-für-Geolog_innen-der-Zukunft, also in seinem Sein-für-Aliens, definiert:* Science-Fiction ist dem geologischen Anthropozänbegriff essenziell eingeschrieben, bildet seinen fiktionalen Kern.« *(Daniel Falb)*

Freitag 7. Oktober: Schalttag und Prämediation

PRÄ-MEDIATION Von bereits 300 Toten in Haiti berichten die Medien, geben aber erstmal Entwarnung für Miami.

Es ist vier Uhr früh, Marie schläft, und du bist unruhig aufgestanden, um sie nicht länger zu stören. In welche Richtung dreht der Hurrikan? Wird auch der morgige Flug noch abgesagt? Sollst du dein schlechtes Gewissen thematisieren, dass dich solche Fragen beschäftigen angesichts der stets wachsenden Zahl an Toten? Wie geht es mit dem Manuskript weiter oder zu Ende – diese Fragen lassen sich nicht trennen und bilden einen diffusen Strudel. Du liest Kommentare zur Lage in Miami in deinem Facebook-thread. Mittlerweile erklären auch deutsche Medien ihren Lesern, wie die Wucht und eigenartige Zugbahn von Matthew zustande kommt, vor allem aber klickst du dich durch amerikanische Zeitungsartikel, die sich an Headlines und historischen Superlativen nur so überbieten. Und dann sind da konservative und reaktionäre Seiten, die die Situation herunterspielen und jedes Anzeichen für eine Beruhigung zum Anlass nehmen, nicht so sehr gegen Übertreibungen allgemein zu wettern, als gegen die These einer generellen Klimaveränderung: je weniger dramatisch Matthew an den Küsten Floridas und South Carolinas aufschlägt, desto weniger evident die These von der globalen Erwärmung – so oder so ähnlich muss es in deren Köpfen aussehen.

Alle argumentieren mit recht idiosynkratischen Vergleichswerten und historischen Zeiträumen: Zum letzte Mal ist x in y aufgetreten, und damals war gleichzeitig z, deshalb ist auch jetzt dies und das zu erwarten.

Dir fällt ein, dass du vor einigen Monaten noch mehr zu der neuen Zukunftsobsession der Medien im 21. Jahrhundert gelesen und dir dazu Notizen gemacht hast. Du suchst in deinem digitalen Zettelkasten nach den Begriffen ›Prämediation‹ und ›premediation‹ und liest noch einmal in *Life as Surplus – Biotechnology and Capitalism in the Neoliberal Era* von Melinda Cooper.

Was du an ihrer Studie – dieses Buch hättest du gerne geschrieben, so hat akademisches und wissenschaftshistorisches

Schreiben Gegenwartsrelevanz, auch wenn ihr Foucault, so der Akademiker in dir, von jeder strukturalistischen Sprachtheorie und Linguistik bedenklich unberührt ist – so spannend findest, sind die Einsichten, wie der neue Zeitkomplex neoliberale Politik, Kommunikationstechniken und Technowissenschaften verbindet. »Although we might suspect something is wrong with the world (...), no mass of information will help us pinpoint the precise when, where, and how of the coming havoc. We can only speculate.« Und genau das ist es, was die amerikanischen Medien momentan haltlos tun.

»To make things worse, the nature of these events is such that we can never be sure how far gone we already are. Disaster is incubating. We may be on the verge without realizing it. It may already be too late to slow down, to reverse the process, to restore some kind of (relative) equilibrium. If the catastrophe befalls us, it is from a future without chronological continuity with the past.« (Melinda Cooper)

SIMPLIFIZIERTE SINGULARITY Die Zeit lokal begrenzter und von einer (personalen) Seite kontrollierter biologischer oder medialer Kriegführung ist vorbei. Jede Intervention ruft unkontrollierbar akzelerierte Gegenschläge hervor. Und dementsprechend lebt ihr hier und heute in einem ständigen Dort und Morgen und fühlt euch konsequenterweise außerhalb eurer selbst (inkl. Sehnsucht nach dem Gestern und Ganzwoanders). Die euch betreffenden Phänomene und Ereignisse übersteigen eure Wahrnehmungsfähigkeit immer schon.

Der spekulativ-realistische Theoretiker Timothy Morton, Anhänger einer objektorientierten Ontologie, hat angesichts von Klimaerwärmung, Umweltverschmutzung, radioaktiver Verseuchung etc. von *hyperobjects* gesprochen, die ihr als konkretes Ganzes nie zu fassen bekommt. Präziser sind diese Phänomene und Ereignisse aber in ihrer spekulativen Temporalität zu denken (philosophisch zu denken in ihrer ontologischen und spekulativen Dimension, was gerade nicht bedeuten muss, dass ihr sie im Einzelnen verstehen oder erkennen könnt). Biologische Attacken oder Effekte der Klimaveränderung wie Matthew werden immer schon begonnen oder stattgefunden haben, bevor ihr von ihnen wisst. Unfähig, dich darauf vorzubereiten, sitzt du vor deinem Computer oder Fernseher und klickst dich durch Aufsätze, gifs, oder Sendungen, um jene Zukunft vorherzusehen, die dein gegenwärtiges Handeln bestimmt.

Wo die rekursiven Schleifen nicht bedacht werden, also etwa der ideologische Glaube an ein voll kontrollierbares *re-ingeneering* besteht, das jede Klimaveränderung wird ausgleichen und regulieren können, handelt es sich um das schon bekannte Missverstehen der rekursiven Logik von Präemption oder Derivaten. In den Technowissenschaften wird das deutlich in dem altbackenen Humanismus so mancher Silicon-Valley-Gurus, die trotz ihrer technopolitischen *sophistication* mit dem Konzept der *Singularity* philosophisch auf dem Holzweg sind.

»We have also developed tools that are now enabling us to understand our own biology in precise information terms. We are rapidly reverse-engineering the information processes that underlie biology, including that of our brains. We now possess the object code of life in the form of the human genome, an achievement that was itself an outstanding example of exponential growth, in that the amount of genetic data the world has sequenced has approximately doubled every year for the past twenty years.« (Ray Kurzweil)

Um die Frage in systemtheoretischer Terminologie zu formulieren: Wird die Umkehrung der Zeit (und im Falle des *Singularity*-Glaubens der Chronoevolution selbst) dabei nicht als glatter Prozess gedacht, als ob die Wiedereinführung, der *re-entry*, die rekursive Anwendung von Operationen auf die Resultate von Operationen keine Differenz erzeugen würde? Als ob sich keine Differenz auftun könnte zwischen der gegenwärtigen Zukunft und der zukünftigen Gegenwart.

Genau um diese akzelerationistische Differenz geht es dir aber, wenn es einen progressiven oder emanzipatorischen – also nicht technopolitisch determinierten oder deterministischen – Umgang mit dem neuen Zeitkomplex, mit einer aus der Zukunft beeinflussten Gegenwart, gehen soll. Sich der Gegenwart progressiv zu nähern meint von daher, sie spekulativ (aus der Zukunft) zu entwerfen. Und wenn die Gegenwart zudem eine technopolitisch hergestellte ist, dann macht sie das zum Gegenstand einer Poetik, im ursprünglichen Sinne von *poiesis* als Herstellung von Welt. In diesem Sinn willst du auch die Spekulative Poetik in den nächsten Jahren fortführen, die ursprünglich nur der Versuch einer Neuorientierung innerhalb des marginalen Felds der Philosophie, Literaturtheorie und Kulturwissenschaften war.

Dirk Baecker zufolge wird die »Wissenschaft der nächsten Gesellschaft (…) poetisch und mathematisch« sein. Die entscheidende Frage lautet demnach: Werden sich die sogenannten Geisteswissenschaften die anstehenden Veränderungen auf eine akzelerationistische und emanzipatorische Art und Weise zu eigen machen – oder dauerhaft pseudo-kritisch und zunehmend marginalisiert außen vor bleiben? Wird es (euch) gelingen, das deterritorialisierende Potenzial zu nutzen, das die Verabschiedung des instrumentellen oder *ergontologischen* Paradigmas (Erich Hörl) – also des Zusammenspiels von Produktion, Arbeit und Technik im Dienste der Herstellung von Objekten – eröffnet? Bislang beobachtet ihr jedenfalls allerorten eine kolossale Reterritorialisierung. Die abundante Produktion ästhetischer Gadgets ist dabei nur ein Indiz für das Verfehlen des progressiven Potenzials der neuen Technologien.

HACKING Emanzipatorisch wäre dagegen das Nutzen dieses Potenzials auf eine poetische Weise, um eine neue Welt zu eröffnen, eine Welt ohne Arbeit, oder zumindest ohne sinnlose Arbeit zur Herstellung von nur selten wirklich fortschrittlichen oder die Lebensqualität erhöhenden Produkten. Anstelle der ständigen Abwechslung ›innovativer‹ Medienprodukte wäre ja zur Abwechslung – Stichwort Biohypermedia – einmal wieder ein neuer Mensch gefragt. Daran zu arbeiten wäre auch die Aufgabe einer nicht mehr zeitgenössischen, weiterhin hauptsächlich mit der Herstellung von ästhetisch genieß- und verkaufbaren Objekten beschäftigten, sondern tatsächlich poietischen Kunst.

Du hast in den letzten beiden Wochen auch schon öfter über die Option einer poetischen Widerstandspraxis nachgedacht (das Herstellen von Bedeutung, das Erfinden von Begriffen, das Stiften von Sinn, das Erwerben von *literacy*), die sich der Unterbrechung, Transformation und Neuanordnung jener Plattformen und ihrer Inhalte widmen, die euch im computisierten Semiokapitalismus zur Verfügung stehen.

Eine der poetischen Strategien, mit dem durch die digitale Revolution katalysierten Überschuss an Sinn umzugehen, ist Hacking. Im Gegensatz zu kritischen und defensiven Herangehensweisen zeugt das Knacken von Codes, das Herausbrechen von Zeichen aus den Automatismen der Selbstverständlichkeit, das Erfinden neuer Sprachspiele von einer positiven, angriffslustigen und optimistischen Herangehensweise. Und die jeweiligen Zeichen oder experimentellen Spiele betreffen nicht nur Computersprachen oder Algorithmen, sondern alle Formen kultureller, sozialer oder politischer Codes. An die Stelle des kritischen, nach Souveränität strebenden Subjekts der Moderne muss jedenfalls ein anderes Modell politischer Subjektivität treten.

Als linker Theoretiker bist du mit Slogans von der Ausbeutung durch das Kapital aufgewachsen. Heute wird Ausbeutung durch die Kontrolle noch eurer privatesten Kommunikation und die monopolartige Aneignung eurer kreativen Produktivität ermöglicht. Die ökonomische und wohl auch politische Macht liegt in den Händen einer neuen vektorialistischen Klasse, wie McKenzie Wark sie in seinem *Hacker Manifesto* genannt hat.

»That the vectoralist class has replaced capital as the dominant exploiting class can be seen in the form that the leading corporations take. These firms divest themselves of their productive capacity, as this is no longer a source of power. They rely on a competing mass of capitalist contractors for the manufacture of their products. Their power lies in monopolizing intellectual property—patents, copyrights and trademarks—and the means of reproducing their value—the vectors of communication.« (McKenzie Wark)

Hacking ist demgegenüber und dagegen eine der wenigen tatsächlich wirkmächtigen Taktiken und nicht zufällig ein poetisches Verfahren (*poiesis*, wie gesagt, verstanden als eine Praxis des Welt-Eröffnens). Es geht um das Schaffen, das Herstellen neuer Möglichkeiten dadurch, dass Wissen und Handeln nicht als Gegensätze behandelt werden, auch mit Blick auf die direkte Anwendung von Technologien auf den menschlichen Körper selbst. Bio-Hacking lautet das neue Zauberwort für poetisches Leben im 21. Jahrhundert. Das Spektrum reicht dabei von Experimenten mit eurer sogenannten Wetware bis zu den bereits im

Mainstream angekommenen chemischen (Re-)Organisationen eurer Psyche. Die chemische, hormonelle, medizinische Selbstmanipulation ist zur Normalität geworden, egal ob bei sexueller Leistungssteigerung, Schwangerschaftsvorbeugung oder Behandlung einer ganzen Schar neuer oder neu erfundener Psychopathologien: ADHS, Borderline oder neuerdings Binge Eating, wie dir die Werbung bei jedem zweiten Youtube hier seit einigen Wochen vermittelt, obwohl du noch nur an *binge-watching* zu leiden glaubst. (Oder gibt es auch *binge-writing*? Wie und wo kann man sich damit infizieren?)

»Vermutlich verdient nur eine Figur den Ehrentitel des Produkts und Trägers der postmodernen Kultur und damit des Erben des Priesters und des Intellektuellen, nämlich der Hacker. Unter einem Hacker möchte ich jeden verstehen, der es versteht, einen Code zu knacken, sei es ein technischer, ein sozialer oder ein psychischer Code. Jacques Lacan kann dann ebenso als Hacker im freudschen Code gelten wie Jörg Haider als Hacker im Code der österreichischen Demokratie oder Jacques Derrida als Hacker im amerikanischen Erziehungssystem.« (Dirk Baecker)

Die direkten Attacken auf das biologische Material und schon bald auf eure DNA selbst nimmt immer mehr zu. Egal ob aus technikgläubigem Unsterblichkeitswahn, Fitnessfanatismus oder wegen einer ernsthaften Krankheit, das technohumanistische Experimentieren am eigenen Körper liegt sowohl kulturell als auch technologisch voll im Trend. Kulturell, weil der ständige Zwang zur Selbstoptimierung naturgemäß nicht nur einem psychologischen Imperativ gehorcht, sondern auch die physiologische Grenze in den Körper hinein überschreitet. Und auch die technikgeschichtliche Entwicklung, quasi der technikkulturelle Vektor, verweist auf bzw. in den Körper.

Letztlich wird das immer mehr zum Einpflanzen neuer Technologien, Chips, Sensoren etc. führen, die euch nicht mehr oder weniger zu Cyborgs machen als Herzschrittmacher oder Beinprothesen. Denn warum auf den Eintritt irgendeiner Krankheit warten und nicht jetzt schon eingreifen, also in die Zukunft vorgreifen, oder genauer: von der Zukunft auf die Gegenwart zurückgreifen? Präemptive oder proaktive Medizin.

Es bringt einfach nichts, diesen Entwicklungen mit einer kulturpessimistischen oder apokalyptischen Haltung zu begegnen. Das Problem oder die Probleme mit den sogenannten Transhumanisten ist eher, dass sie zu kurz greifen und zugleich zu hoch. Was fehlt, ist eine weitergehende auch politische Perspektive, die sich zugleich unterscheiden muss von größenwahnsinnigen Unsterblichkeitsphantasien. Statt Trans-Humanismus ist vielleicht der von einigen Akzelerationisten propagierte Begriff des Inhumanismus vorzuziehen, also die Annahme, dass es ›den Menschen‹ und somit auch ein in der Vergangenheit liegendes menschliches Ideal nie gegeben haben wird.

»Analog zur Epoche der Automobilindustrie, dem sogenannten ›Fordismus‹, kann diese neue Ökonomie, die auf Tablettenindustrie, masturbatorischer Logik und dem Kreislauf von Erregung und Frustration basiert, ›Pharmapornografie‹ genannt werden. Die pharmapornografische Industrie ist das weiße und flüssige Gold, das kristalline Puder des biopolitischen Kapitalismus.« (Paul B. Preciado)

Schon Marx wusste, dass die menschliche Geschichte stets die Geschichte der Veränderung der menschlichen Natur gewesen ist. Was euch immer wieder und immer weiter über euch hinaustreibt, sind stets auch technologische Veränderungen, d. h. Resultate eurer rationalen Tätigkeit (egal was die Motivationen für die Entwicklung neuer Technologien oder deren ›irrationale‹ Anwendung sonst noch sein mag). Dieser humanistische *drive* über euch hinaus bedeutet oder verlangt auch eine soziale Komponente, also mehr als Selbstoptimierung einzelner Privilegierter. Transhumanismus ist daher das falsche Konzept. Wenn schon, dann ist ein Transindividualismus anzustreben. Die entscheidende Frage lautet, ob neue Technologien zu sozialen und politischen Verbesserungen führen, die über einzelne Individuen hinausgehen und zugleich alle betreffen.

Bereits mehr als 800 Tote in Haiti, Tendenz steigend. 800.

Samstag 8. Oktober: Rückflug ... *then we take Berlin*

FENSTERPLATZ Du sitzt am Tisch neben dem Fenster, ein letztes Mal, wenn der Rückflug nach Düsseldorf heute planmäßig stattfindet. Du hast leichte Kopfschmerzen und hoffst, dass sich das in den nächsten Minuten mit dem kalten Milchkaffee legen wird. Aus eurer Stamm-Bar, wo euer Abend nach dem Kofferpacken auch gestern wieder begonnen hat, torkelt jetzt um 7 a.m. noch ein sich aneinander festhaltendes Pärchen. Anders als an früheren Abenden seid ihr gestern draußen gesessen, weil es ein letztes Mal für einige Wintermonate fünfundzwanzig Grad hatte, weil es ein sturmbedingt angenehm kühler Abend war, weil sich eure Körper nach zwei Wochen an die Temperaturen gewöhnt haben und eure Haut die hohe Luftfeuchtigkeit schätzen gelernt hat. Danach habt ihr euch über die Brücke des Miami River auf den Weg gemacht in ein mexikanisches Restaurant. Zwischendurch im weißen Lexus SUV mit ein paar der in den zwei Wochen gewonnenen Freunde durch die Stadt gefahren und unter der Wirkung immer zahlreicherer Margeritas die kolossalen Lichter Miamis bei offenem Fenster auf dich wirken lassen (deine Musik-App, mit der du die Soundbites gestern im Wagen gespeichert hast, zeigt dir jetzt an, dass einer der großartigen Tracks von Sven Väth war). Irgendwann später in einem Club in Wynwood dann dein breites Grinsen, weil die Musik und alles andere gut war, weil die Töne wie Spitzen durch dich durchschießen, weil der Bass in Miami süchtig macht, aber auch hält, was er verspricht, weil du Marie gerne beim Tanzen zusiehst, weil man und frau auch in der Musik schwimmen können, weil die (süd- und lateinamerikanischen) Leute hier tatsächlich eher deinem armenischen Bedürfnis nach Höflichkeit und Herzlichkeit, nach Gastfreundschaft und dem, was Walter Benjamin Herzenshöflichkeit nennt, entsprechen als alles und jedes in Deutschland. Und Marie brüllt dir ernsthaft ins Ohr, wie das wäre, wenn ihr einfach in Miami bleiben würdet. Irgendwann noch später seid ihr dann in ein Uber gestolpert und zu Hause ins Bett gefallen. Too drunk to fuck.

FLUGHAFEN Am Gate, darauf wartend einzuchecken, denkst du, dass es jetzt an der Zeit ist einen Blick in das Geschriebene zu werfen, was du bis dato vermieden hast. Das Risiko demotiviert zu werden und nicht mehr weiterschreiben zu können, ist nicht mehr allzu groß. Und auf der anderen Seite steht die Notwendigkeit zu einem Abschluss zu kommen. Vielleicht hilft dabei ja die Erinnerung an den Beginn.

Vor zwei Wochen warst du anscheinend noch ganz involviert in deine Berliner Alltagsfragen nach der Rolle von Philosophie im Kunstfeld, auf der Suche nach einem zeitgemäßen – und nicht unbedingt zeitgenössischen, *contemporary* – Denken. Du dachtest, eine Standortbestimmung deiner selbst könne am besten zwischen den Orten stattfinden und indem du dir, wenn irgend möglich, von außen, also so fremd wie möglich begegnest. Das war ja nicht falsch, damals, vor zwei Wochen, die jetzt so lange, so weit entfernt sind, denkst du heute hier, in der Warte- oder Transitzone, schon bald wieder in der Luft, einem wieder anderen Zwischen- oder Nichtort, an einem weiteren Schalttag (auch jetzt gerade solltest du eigentlich in einem Theater in Brüssel sitzen und eine Choreographin treffen für irgendein Projekt nächstes Jahr).

Sich im Dazwischen einrichten, im auf Dauer gestellten Limbo. Du hast die letzten Tage eine Serie an Schalttagen erlebt. Und zwar je länger und mehr du in Miami angekommen bist. Obwohl dort anzukommen eigentlich unmöglich ist. Inzwischen weißt du, *Miami is a Limbo*, wie dir Domingo mit der ihm eigenen Begeisterungsfähigkeit gestern in dem Club ins Ohr gebrüllt hat. Und Agustina meinte, dir zustimmend, dass sie anfangs widerwillig aus Argentinien in diese *plastic city* gezogen sei, die du ihr als exemplarisch für eine Miamification der Vereinigten Staaten und darüber hinaus geschildert hast, um deine Überlegungen noch schnell an den Leuten ›hier‹, also bald ›dort‹ in Miami austesten zu können.

AUS DER LUFT Mit denselben Filmbildern um dich herum, mit denselben lausigen mit zu kaltem Rotwein hinuntergespülten Economy-Class-Arrabiata im Magen, sitzt du wieder auf einem Sitz G rechts am Gang in der Mittelreihe, diesmal Reihe 26, und verspürst einen Zwang zu resümieren. Resümezwang. Dem du nachgeben kannst, willst, musst – der sprachphilosophische Essay *Über die Notwendigkeit einer Aufhebung der grammatisch-semantischen Differenz der Modalverben* wird hoffentlich auch einmal geschrieben worden sein –, weil es das Schreibsetting dieses Texts so vorgibt. Sicher haben sich Fragen geklärt, sind Zusammenhänge deutlicher geworden, aber wirkliche neue Erkenntnisse waren von zwei recherchefreien und zu einem großen Teil am Strand oder sozial verbrachten Wochen nicht zu erwarten gewesen. War auch nicht anders zu erwarten gewesen, denkt der Akademiker in dir. Aber deswegen ist auch nicht alles beim Alten geblieben.

Big Data ist das Medium, in dem sich das liberale Subjekt verabschiedet, auch wenn es versucht, sich als politische Fiktion aufrechtzuerhalten. Dein Anliegen bleibt – das weißt du jetzt, aber auch, dass du bis jetzt nicht konsequent genug gewesen bist – die Transformation des seiner selbst gewissen, sich seiner Gegenwart versichern wollenden Subjekts. Die Technowissenschaften, die Forschung zur Künstlichen Intelligenz, die du höchstens ansatzweise berührt hast, all das ist Ausdruck des neuen Zeitkomplexes eurer in eben diesem temporalen Sinn komplexen Gesellschaften. Du hast ein paar Spuren in die Zukunft – und aus der Zukunft, wo ist der Unterschied? – dieser sich vor euren Augen entziehenden Transformation nachgezeichnet. Du hast Indizien eines die Zukunft antizipierenden, die Zukunft in der Gegenwart verankernden, ja zugespitzt formuliert: eines aus der Zukunft kommenden spekulativen Operators und einer technomaterialistischen *poiesis* gesammelt, die du naturgemäß (noch?) nicht theoretisch beherrschst und die auch in der gesellschaftlichen Praxis schwer kontrollierbar sind. Dein Anliegen bleibt die Transformation des seiner selbst gewissen, sich seiner Gegenwart versichern wollenden Subjekts, das du zuallererst auch selber bist (vielleicht darüber nächstes Jahr wieder ein Buch mit Anke schreiben?).

Solange dieses Korsett, aus dem auszubrechen so schwerfällt, sich weiter hält, bleibt auch die Frustration oder der Zweifel an deiner eigenen wissenschaftlichen Arbeit. Daher das Bauen von Plattformen, die von anderen Wissensformen profitieren und von denen andere profitieren. Kollaborative Plattformen, nicht-kapitalistische oder kollektive Plattformen, die mit neuen Arbeitsformen experimentieren und sich auf die Suche nach neuen Kollektivsubjekten begeben, nach einer asymmetrischen Gemeinschaft, also einer in sich differenzierten und von sich abweichenden *communitas*. Ein solches, Differenzen schaffendes Arbeiten an Plattformen ist akzelerationistisch auch in dem Sinne, dass es auf unvorhergesehene Effekte setzt, Plattformen wie Katapulte nutzt, um sich wieder und wieder aus alten Zwängen und Fallen in neue und aufregendere zu versetzen.

More alienation lautet der Schlachtruf der Xenofeministinnen und auch deiner poetischen Praxis. Spekulatives Philosophieren ist kein reines Denken. Es versucht gerade nicht, sich vom schmutzigen Getümmel fernzuhalten. Denken kann nur wahr werden, kann neue Wahrheiten und neues Wissen nur (abduktiv) herstellen, wenn Ich sich neu in der Welt verortet. Um kein reines Denken handelt es sich also schon allein deswegen, weil die dabei anvisierte Veränderung immer auch eine des jeweiligen Ichs und seiner Welt ist. Die Trias von Ich, Denken und Welt verändert sich rekursiv, alle Aspekte ineinander integrierend, und sie tut das aus der Zukunft. Spekulation als Methode.

»Man kann nicht nur ›seine Müdigkeit ausspielen‹, sondern auch ›mit seiner Müdigkeit spielen‹, indem man über sie spricht«, so Roland Barthes in seinen Vorlesungen zum Neutrum, die Marie neben dir liest, ein Buch, für das du ihn so bewunderst oder beneidest für die sogar seine Eitelkeit vergessen machende Souveränität (nur darüber schreiben, was einem gerade einfällt, nur die Bücher heranziehen, die im Sommerhaus zur Verfügung stehen). »Ich habe gesagt, dass Erschöpfung sozial nicht als Entschuldigungsgrund anerkannt wird. Ich denke oft daran – wir denken oft daran –, Müdigkeit vorzuschützen: Wir würden sie gern als Figur im sozialen Spiel der Ausweichmanöver, der Schutzbehauptungen verwenden.« Aber es gibt auch eine Müdigkeit, die zu müde ist, sogar über sich selbst zu schreiben.
Lichter Himmel, wie im Film.

MIAMI HEAT Schon im Halbschlaf seht ihr gemeinsam *Miami Vice*. Von Beginn an erkennst du wieder die Farben, mit denen du die Stadt in den letzten Wochen gesehen hast. Den Film selbst nimmst du wahr wie in einem Traum. So stylish, Hollywood Studios können gar keine heißeren Filme produzieren. Du träumst dich wohlig in diese wortkargen Westernhelden hinein, die es in irgendwelche Betonwüsten und Glaspaläste verschlagen hat. Lauter stille und schweigsame Typen, so gar nicht wie du, ausgestattet mit einer Aura des *noli me tangere*, von der ihr wisst, dass sie eigentlich nur darauf wartet, durchbrochen zu werden.

Don't attach yourself to anything that you can't walk out on in thirty seconds if you feel the heat, so oder so ähnlich hörst du Robert de Niro in deinem Lieblingsfilm *Heat* weissagen – und spätestens, als er das vor seinem *brother* wiederholt, steht fest, was ihm bevorsteht. Al Pacino wird im letzten Moment seine Freundin erspähen, ihm auf die Spur kommen und ihn am Flughafen zur Strecke bringen. Im Scheinwerferlicht eines Fliegers, von seinem Schatten verraten. Der eine und der andere. Noch so einer, der nur seine Arbeit hat. Und tötet, was ihm am nächsten ist. *Miami Heat*. Die Filme, Personen und Bilder vermischen sich. Die sich am nächsten sind, töten einander. Das ist alles so klischeehaft schön. All die minimalen Informationen und kleinsten Gesten, aus denen Charaktere bei Michael Mann blitzschnell entstehen. Weil niemandem Zeit bleibt. Colin Farrell und Gong Li haben gar keine Möglichkeit miteinander zu sprechen. Kennenlernen ausgeschlossen. Und schaffen es doch später auf ein paar Mojitos nach Havanna.

Du hast dich an Marie geschmiegt, um bequemer einzuschlafen, freust dich auf die musikalisch mit Moby untermalte Überfahrt nach Kuba. Mit dem Speedboat MoJo. Und kannst dich wieder kaum sattsehen daran, wie grandios der Machismo choreographiert ist, mit der er sie mit dem Gurt geradezu fesselt (die wortlose Antwort auf ihr *I'm a business woman. I do not need a husband to have a house to live in*). Als sie dabei einige Sekunden die Hände hinter ihren Kopf hebt, könnte die Geschichte, zumindest dieser von Liebe, Passion, Intimität und der Illusion von Unabhängigkeit handelnde Strang des Films, eigentlich vorbei sein. Havanna, Miami, *a moveable feast*. Feste feiern und nie aufhören zu arbeiten. *Vacation and vocation*. Stammt das nicht von Brian Holmes? Darüber hättest du auch schreiben können. Aber dazu ist es jetzt zu spät. Du wirst deine hingekritzelten Notizen morgen ohnedies kaum lesen können.

Inzwischen ist Sonny wieder im Boot auf dem Weg zurück nach Miami. Sie haben miteinander geredet, wie es sich gehört, auch darüber, dass sie keine gemeinsame Zukunft haben, haben werden, jetzt schon wissen sie das von der Zukunft. Ist das nicht schon *too much* und *pathetic*? Schafft sich die Liebe also immer eine Sprache oder besteht sie umgekehrt darin, die Zeichen des anderen nicht zu verstehen, wie es bei Proust über Tausende von Seiten beschrieben ist? Und was, wenn die Liebe nicht der Ausweg ist, sondern die Sackgasse. Dass die Passion am Leben hält, könntest du Marie sagen, und nicht das emotionale Tauschgeschäft der Liebe. Das sind Momente von Intimität, wenn die beiden tanzen, sagst du ihr, völlig vergessend, dass rundherum lauter Menschen sind.

ABDUKTION Du sitzt im Zug von Duisburg nach Amsterdam. Das kalte alte Europa hat dich wieder. Am Bahnsteig hast du dich von Marie verabschiedet, die weiter nach Kiel zu ihrem Workshop fährt. Es ist Sonntag. In deinem zukünftigen Buch ist es noch Samstag (auf Bernds Frage, warum, wirst du ihm keine Antwort geben können), und du kommst zurück auf jene poetische Methode des Schreibens, die du, bevor du gestern, heute, eingeschlafen bist, mit einem Ich verbunden hast, das sich neu in der Welt verortet: Abduktion. Peirce hat sie als alternative Form des Schlussfolgerns Deduktion und Induktion zur Seite gestellt. Über ihre Funktion als methodisches Fundament spekulativen Denkens hast du schon öfter nachgedacht (im *Metanoia*-Buch mit Anke als epistemologisches Phänomen, in *Überschrift* über ihr ethisches Potenzial).

Abduktion zielt auf das Erfinden von Neuem, auf Veränderung, und somit auf die Einführung einer tatsächlichen Differenz. Sie betrifft neue Regeln oder Hypothesen, führt zu überraschenden Ergebnissen und schließt hypothetisch von einem Einzelnen *und* einer Regel auf eine Regelmäßigkeit – Fortschreiten von Partikularem zu Partikularem, das davon ausgehende Entwerfen neuer Regeln, die das Einzelne auf wiederum neue Art und Weise subsumieren, so wie sprachliche Rekursion – morphologisch: ›lese‹, ›lesen‹, ›lesend‹ etc; semantisch: ›lesend‹, ›liest du‹, ›dass ich lese‹ –, mittels derer ihr mit finiten Elementen ein infinites Maß an Sinn und Bedeutung herstellen könnt.

Aus der Welt der berechenbaren Notwendigkeiten, aus dem Spiel mit größeren oder geringeren Wahrscheinlichkeiten (das ihr nicht gewinnen könnt!), kommt ihr

»Die übliche Praxis von ›Kritik‹ (…) operiert vornehmlich mit der seit Kants Ästhetik vorgegebenen reflektierenden Urteilskraft, setzt also der vom Allgemeinen ausgehenden Deduktion (der bestimmenden Urteilskraft) den heiligen Gral des Singulären, des einzelnen (Kunst-)Objekts entgegen. Die ästhetische Urteilskraft verfährt demgemäß induktiv, wobei sie freilich – auch das ist von Kant streng so vorgeschrieben – an der Zuordnung und Aufhebung des Einzelnen zu scheitern hat: Nur dann ist es schön (und traurig, und ernst, aber auf jeden Fall unmöglich). Versteht man Ethik als den Versuch, an sich zu arbeiten, jemand anderer zu werden, einen Bruch mit sich selber herbeizuführen, dann wird der Einsatz abduktiven Schließens deutlich. Es stellt

mit kritischer Induktion oder traditionellen wissenschaftlichen Deduktionen nicht heraus. Eine Welt der tatsächlichen Kontingenz lässt sich nur abduktiv denken. Abduktion schlägt eine Brücke zwischen Logik, Hermeneutik und Ethik, insofern sie zwischen Verstehen, Erklären und denkendem Subjekt vermittelt bzw. dem Erklären ein Verstehen und eine persönliche Transformation unterlegt.

eine Verbindung zwischen Singulärem und Allgemeinen her, ohne sie als vorab gegeben anzunehmen.« (Armen Avanessian)

PLAN Wenn es auch (akademische) Settings gibt, die Abduktionen mehr oder minder verunmöglichen oder ihr Zustandekommen erheblich erschweren – einfach planen lassen sie sich umgekehrt nicht. Wie geht das mit deiner Obsession für Einteilungen, Planungen und (notgedrungen ständige) Umplanungen zusammen, wenn wieder ein Hindernis, eine Schwierigkeit auftaucht, oder irgendeine kleinkarierte graue Zerstörungseminenz?

Mit Valerij Podoroga wolltest du seinerzeit, als Anke und du sein *Mimesis*-Buch auf Deutsch herausgebracht habt, einen Workshop machen zum Thema Plan. Welche Arten von Plänen gibt es, und wie lassen sie sich anhand der Ihnen eigenen je unterschiedlichen Zeitstrukturen und -konzeptionen differenzieren? Sind Pläne nicht verzweifelte Versuche einer Entzeitlichung der Zeit, einer Detemporalisierung ihrer Potenzialität oder Depotenzierung von Temporalität – Planen, um sich der Zeit zu widersetzen?

So gerne würdest du auch jetzt wieder mit Podoroga darüber streiten, warum er eine Zone

»Wir müssen (...) versuchen, die Abduktion mit poiesis zusammenzubringen; denn der Code, auf den ein Wort zu beziehen ist, muss nicht nur gefunden werden. Das Prinzip von poiesis ist es, einen Code zu erfinden. Das Schaffen einer Regel in der Abduktion muss mit dem Finden und der Erfindung von Regeln der Sprache zusam-mengedacht werden. Nur so ist zu verstehen wie abduktives Schließen im emphatischen Sinn neue Welten schafft.« (Armen Avanessian / Anke Hennig)

der Freiheit nur hinter der Zeit, hinter den reduzierten und abwesenden Zeiten annimmt, einen quasi metaphysischen Bereich *innerer Erfahrung*, wie er mit Bataille argumentiert (dessen Überschreitungsriten für deinen Geschmack immer etwas zu katholisch waren). Und was ist der heuristische Wert eines solchen Freiheitskonzepts? Müsste Freiheit, wenn überhaupt, nicht ausgehend von einer anderen, heteronomen, weder idealen noch Anti-Zeit gedacht werden? Oder geht es ihm in seinem literaturphilosophischen Erklärungsansatz schlicht um etwas anderes? Seine Lebensphilosophie zielt auf das literarische Subjekt – als das Resultat seiner Selbst-Projektion qua auf die nahe Zukunft gerichtetes *Voraus-Geworfensein* – und interessiert sich für die spekulative Autopoiesis des literarischen Werkes. »Erst wenn der Stil, die individuelle Selbstsetzung, in Form eines Werks, einer Aktion oder Tat für alle überwunden und objektiviert wird, ist die Sache der Freiheit erreicht.« Aber vielleicht ist dir diese Lebensphilosophie und ihre *Sympoiesis* (Donna Haraway) von Autorin und Text näher als du denkst. Hat dieses Schreibexperiment ›hier‹ – du könntest auch schreiben ›damals‹ oder ›dort‹ – nicht auch mit Überlegungen zu der Schwierigkeit eingesetzt, philosophisches Schreiben in deinem Leben zu halten?

»Der operationale Plan ermöglicht die ideale Genese des Zeitstroms der Ereignisse. Dieser Zeitstrom ist jetzt ein vereinfachter, auf die Vergangenheit reduzierter und zudem idealer Zustand der Zeit. Die Entfaltung des Plans-als-Schema lässt nicht zu, dass die zukünftige Zeit sich von sich aus ändert. Diese Art Plan ist dann am effektivsten, wenn die Vergangenheit als Muster betrachtet wird, bei dem nur noch die Regeln seiner Anwendung zu schematisieren sind. Die zweite Planungsmethode, der Plan als Projekt, ist eher als immanenter denn als transzendenter Plan zu verstehen. Er nimmt die Realität vorweg und zwingt ihr die Bedingung für ihre Aktualisierung auf. Der Projekt-Plan zielt auf eine jenseits der Grenzen der Gegenwart liegende Zeit. Er kommt der Zukunft nicht zuvor, er konstruiert sie vielmehr, er erschafft sie neu. Mit anderen Worten: das Projekt ist der Zukunft zugewandt, es liegt immer in einer Zeit in absentia; von Bedeutung ist aber nur eine Zeit: die ideale (von keiner realen Zeit begrenzte).«
(Valerij Podoroga)

Oder zurück zum Ausgangspunkt deiner Frage zuvor: Nach welchem Plan hat sich dieses Buch geschrieben, gab oder gibt es eine festgelegte Vorgangsweise und einen intendierten Zweck – denn letztlich geht es dir ja wenn auch nicht um Freiheit an sich, so doch um Befreiung aus dem jeweiligen Status quo, um dich in wieder anderen Zwängen wiederzufinden, nicht wiederzufinden, etwas anderes zu finden etc. Einerseits hattest du keinen Plan, schon gar nicht, ein Buch zu schreiben; andererseits ist das Zielen auf ein zukünftiges Jenseits der Gegenwart für dich, für den, der du immer wieder bist, von Anfang an nur als Schreibprojekt möglich gewesen. Ein katalytisches oder inkubatorisches Schreiben, ein Ausschreiten oder Ausschreiben spekulativer Grammatik. Dein Schreiben und Arbeiten an einer Spekulativen Poetik versucht die drei modalen Kategorien von Konjunktiv, Imperativ und Indikativ zu integrieren. Kann nicht alles, was ist (Wirklichkeit, Präsens), als Aushandlung zwischen Konjunktiv (Möglichkeit, Zukunft) und Imperativ (Determination, Vergangenheit) begriffen werden? Wirklich würde also, was erfolgreich von einer konjunktiven Zukunft ein Vergangenes determiniert!

FREIHEIT Indikativ-Werden als Schreibprojekt, als Projektion allen Schreibens. Dieses Phantasma treibt auch dein spekulativ-poetisches Schreiben. Oder mit Podoroga abwandelnden Worten: Du richtest dein Projekt aus der Zukunft gegen dich, um es, *in präsentia*, in die Welt zu übersetzen. Befreiung des Denkens in die Welt bedeutet auch: sein Denken wirklich werden lassen.

»Gewiß, unser Charakter ändert sich unmerklich alle Tage, und unsre Freiheit würde dabei leiden, wenn diese neuen Erwerbungen unserm Ich nur aufgepfropft würden, statt mit ihm zu verschmelzen. Sobald aber diese Verschmelzung stattfindet, muß man sagen, daß die in unserm Charakter eingetretene Veränderung nun auch unser ist, daß wir sie uns zugeeignet haben.«
(Henri Bergson)

Du hast öfter über die Trias Ich-Denken-Welt nachgedacht, wenn auch nicht über das, was Podoroga ›Werk‹ nennt (schon der Begriff hat etwas allzu Pathetisches). Dann ist da aber der Akt oder die ständige Aktivität, der Aktionismus des Schreibens, da ist jetzt dieser Text, das, was inzwischen ein Manuskript geworden ist und hoffentlich bald ein Buch geworden sein wird. Handelt es sich dabei nicht auch um ein Sich-frei-schreiben als aktives Transformationsprogramm?

Dir schwebt ein Freiheitskonzept vor, das die Dialektik von Frei- oder Unfreisein übersteigt. Freiheit als etwas Herzustellendes, ein poetischer Akt der Produktion und Produktivität. Poetik. Aus dem, was dir zustößt, etwas Sinn(volles) machen, die über dich bekannten Daten zu deinen eigen machen, ihnen Bedeutung geben. Ethopoiesis. Statt *Du musst dein Leben ändern* eher *Du sollst, was dir zustößt, zu einem Teil von dir machen*. Rekursion. Du sollst dein Leben überschreiben, umschreibe dich, schreibe dich um, dich aus der Zukunft neu und gib den Dingen meine Bedeutung. Poetik der Existenz. Sich das, was einem zustößt, zu eigen machen und Ich dazu sagen. Das Ich, das deine Handlungen, dein Begehren, deine Umstände muss unterschreiben können. Mein Ich ist eine Angelegenheit des Schreibens und Umschreibens. Ich umschreibe es und ich schreibe es um. Um Poetik handelt es sich auch deswegen, weil es nicht um ein Zu-sich-selbst-Kommen geht, sondern es in den Ich-Sagenden eine Differenz einführt. Ich bin ja nicht dort.

Und zwar nicht nur, weil ich jetzt und hier, also zwei Wochen nachdem ich angefangen habe zu schreiben, im Zug nach Amsterdam sitze. Mit einem Buchmanuskript im Gepäck, zwar übernächtigt, aber den Kopf endlich wieder frei für die anstehenden Projekte oder Möglichkeiten. Aus denen ich diejenigen mit dem größten Potenzial auswählen werde. Indikativ werden. Morgen und übermorgen Unterrichten an der Rijksakademie. Und dann überlegen, wie und ob es weitergeht in Berlin. Dorthin zurückzukehren fällt mir immer schwerer. Zurück in ein restauratives Berlin, in dem ich manchmal tagelang nicht deutsch spreche und in dem hunderttausende Flüchtlinge ihre neue Heimat finden sollen. Und in dem gleichzeitig die neuen Faschisten einig Volk sein wollen. Entscheidungen stehen an. In Miami wollte ich eigentlich Klarheit schaffen. *Denn we take Berlin.*

»Freedom is not so much linked to choice (a selection from pregiven options or commodities) as it is to autonomy, and autonomy is linked to the ability to make (or refuse to make) activities (including language and systems of representation and value) one's own, that is, to integrate the activities one undertakes into one's history, one's becoming.« (Elisabeth Grosz)

Quellennachweis

22. September Nicholas Carr, *Wer bin ich, wenn ich online bin … und was macht mein Gehirn solange?*, München 2010, S. 23.

23. September John Cheney-Lippold, »A New Algorithmic Identity«, *Theory, Culture & Society* 2011, Vol. 28(6): 164-181, S. 165.

Rob Horning, *Preemptive personalization*, thenewinquiry.com/blogs/marginal-utility/preemptive-personalization/-

24. September Philip K. Dick, »Minority Report«, in: Ders., *Selected Stories of Philip K. Dick*, Boston, New York 2013, 223-260, S. 239.

Armen Avanessian, »Nachwort«, in: Gustave Guillaume, *Zeit und Verb. Theorie der Aspekte, der Modi und der Tempora*, Berlin 2014, 149-157, S. 153.

25. September Antoinette Rouvroy, »The end(s) of critique : data-behaviourism vS. due-process «, in: Mireille Hildebrandt, Katja de Vries (Hg.), *Privacy*, Abingdon, Oxon 2013, S. 155.

Ebd., S. 143.

Richard A. Grusin, *Premediation. Affect and Mediality after 9/11*, Basingstoke 2010, S. 37, 40, 45 und 161.

Ebd., S. 4.

Taylor Owen, *Disruptive Power. The Crisis of the State in the Digital Age*, Oxford 2015, S. 171f.

Jaron Lanier, *Who owns the Future*, New York 2014, S. 120f.

26. September David Lyon, »Surveillance, Snowden, and Big Data: Capacities, consequences, critique«, *Big Data & Society*, Juli–Dezember 2014: 1–13, S. 9.

David M. Berry, *Critical Theory and the Digital*, New York 2015, S. 67.

Metahaven, »Captives of the Cloud: Part I«, *e-flux Journal* #37, September 2012.

Richard Rogers, *Digital Methods*, Cambridge 2013, S. 39f.

27. September Paolo Virno, »Déjà-vu and the End of History«, *e-flux Journal* #62, Februar 2015.

Walter Benjamin, »Zum Bilde Prousts«, in: ders., *Gesammelte Schriften*, Bd. II.1., Frankfurt a. M. 1991, 310-324, S. 312.

28. September Franco ›Bifo‹ Berardi, »Cognitarian Subjectivation«, *e-flux Journal* #20, November 2010.

Paolo Virno, *When the Word becomes Flesh. Language and Human Nature*, Cambridge 2015, S. 99.

Ebd., S. 193.

Franco ›Bifo‹ Berardi, »The pathologies of hyper-expression Discomfort and repression«, eipcp.net/transversal/1007/bifo/en.

Rouvroy, »The end(s) of critique«, a.a.O., S. 147.

Lev Manovich, *Software Takes Command*, New York 2013, S. 2.

Charles Sanders Peirce, *Collected Papers of Charles Sanders Peirce*, Bd. 5, *Pragmatism and Pragmaticism*, Cambridge 1965, S.106.

Richard Rogers, *Digital Methods*, a.a.O., S. 48.

29. September

Suhail Malik, »Who's Afraid In/Of the ArtMarket?«, ICA Miami, 24 Juli 2015, unveröffentlichter Vortrag.

Georg Wilhelm Friedrich Hegel, Friedrich Hölderlin oder Friedrich Wilhelm Joseph Schelling, »Das älteste Systemprogramm des deutschen Idealismus«, in: Georg Wilhelm Friedrich Hegel, *Werke*, Bd. 1, Frankfurt a. M. 1979, 234-237, S. 235.

Jaap Bloem, Menno van Doorn, Sander Duivestein, Thomas van Manen, Erik van Ommeren, Sandeep Sachdeva, *No More Secrets with Big Data Analytics*, Groningen 2013, S. 6.

Google, www.google.com/intl/de/landing/now/.

Luc Boltanski, »Leben als Projekt. Prekarität in der schönen neuen Netzwelt«, *polar #2: Ökonomisierung.*

Jonathan Crary, *24/7. Schlaflos im Spätkapitalismus*, Berlin 2014, S. 103.

David M. Berry, *Critical Theory and the Digital*, New York 2015, S. 76.

Armen Avanessian und Gerald Nestler, »Einleitung«, in: DieS. (Hrsg), *Making of Finance*, Berlin 2015, 7-24, S. 19 und 21.

Benjamin Bratton, »Benjamin Bratton in conversation with Mike Pepi and Marvin Jordan, Machine Vision«, dismagazine.com/discussion/73272.

30. September — Hito Steyerl, »The Terror of Total Dasein. Economies of Presence in the Art Field«, dismagazine.com/discussion/78352.

CCRU, *Writings 1997-2003*, o.O. 2015, S. 183.

Armen Avanessian und Gerald Nestler, »Einleitung«, a.a.O., S. 24.

Ebd., S. 15 und 22.

Suhail Malik, »The Ontology of Finance«, *Collapse VIII*, Dezember 2014, 629-812, S. 716.

Ebd., S. 755.

1. Oktober — Didier Hilhorst, »Designing the new Uber App«, medium.com/uber-design/designing-the-new-uber-app-16afcc1d3c2e#.l1mj2y6kr.

Sascha Lobo, »Auf dem Weg in die Dumpinghölle«, www.spiegel.de/netzwelt/netzpolitik/sascha-lobo-sharing-economy-wie-bei-uber-ist-plattform-kapitalismus-a-989584.html.

2. Oktober — Pascal Gielen, »A Chronotopy of Post-Fordist Labor«, in: Warren Neidich (Hg.), *The Psychopathologies of Cognitive Capitalism: Part Two*, Berlin 2015, 195-220, S. 200.

Rob Horning, »Die Furcht vor dem Inhalt«, bb9.berlinbiennale.de/de/die-furcht-vor-dem-inhalt.

Timothy Mitchell, *Carbon Democracy. Political Power in the Age of Oil*, London 2011, S. 109.

Ebd., S. 6.

Mikkel Bolt Rasmussen, »Das Ende der ökonomischen Blase der zeitgenössischen Kunst«, in: Johannes M. Hedinger und Torsten Meyer (Hg.), *what's next?*, Berlin 2013, 451-455, S. 451f.

Paul Mason, PostCapitalism. *A Guide to our Future*, London 2015, S. 175.

3. Oktober

Carolyn Nordstrom, »Shadows and Souvereigns«, in: Neil Brenner, Bob Jessop, Martin Jones und Gordon MacLeod, *State/Space*, Malden 2003, 326-343, S. 328.

Keller Easterling, *Extrastetaecraft. The power of infrastructure space*, London 2014 (ePublikation).

Kevin Phillips, *Boiling Point: Republicans, Democrats, and the Decline of Middleclass Prosperity*, New York 1993, S. 194.

Michael Klare, »Are Resource Wars Our Future?«, www.tomdispatch.com/blog/176063.

Richard Heinberg, *Our Renewable Future*, www.postcarbon.org/our-renewable-future-essay.

5. Oktober

Gilles Deleuze und Fèlix Guattari, *Tausend Plateaus*, Berlin 1992, S. 126.

Jean Luc Nancy, zit. nach Erich Hörl,»Das Arbeitslose der Technik. Zur Destruktion der Ergontologie und Ausarbeitung einer neuen technologischen Sinnkultur bei Heidegger und Simondon«, in:

Claus Leggewie, Ursula Renner, Peter Risthaus, *Prometheische Kultur. Wo kommen unsere Energien her?*, München 2013, 111-136, S. 111.

Karl Marx, *Ökonomisch-philosophische Manuskripte*, Frankfurt a. M. 2009, S. 91.

6. Oktober Hito Steyerl, »Art as Occupation: Claims for an Autonomy of Life«, *e-flux Journal* #30 - Dezember 2011.

Keti Chukhrov, »Towards the Space of the General: On Labor beyond Materiality and Immateriality«, *e-flux Journal* #20, November 2010.

Benjamin Bratton, »Zum spekulativen Design«, in: Armen Avanessian und Suhail Malik (Hg.), *Der Zeitkomplex. Postcontemporary*, Berlin 2016, 96-119, S. 102.

Luciana Parisi, »Nanoarchitectures: The Synthetic Sesign of Wxtensions and Thoughts«, in: Athina Karatzogianni und Adi Kuntsman (Hg.), *Digital Cultures and the Politics of Emotioni. Feelings, Affect and Technological Change*, New York 2012, 33-51, S. 35.

Daniel Falb, Anthropozän. *Dichtung in der Gegenwartsgeologie*, Berlin 2015, S. 11.

7. Oktober Melinda Cooper, *Life as SurpluS. Biotechnology and Capitalism in the Neoliberal Era*, Seattle und London 2008, S. 82.
Ray Kurzweil, *Das Geheimnis des menschlichen Denkens*, Berlin 2014 (ePublikation).

Dirk Baecker, »Vom Priester zum Hacker: Die Konjunktur des Intellektuellen«, in: Ders., *Nie wieder Vernunft: Kleinere Beiträge zur Sozialkunde*, Heidelberg 2008, S. 74–82.

McKenzie Wark, *A Hacker Manifesto*, Cambridge 2004, [032].

Paul B. Preciado, »Testosteron, Geschlecht und das pharmapornografische Regime«, in: Armen Avanessian und Helen Hester (Hg.), *Dea ex machina*, Berlin 2015, 65-72, S. 67.

8. Oktober

Armen Avanessian, *Überschrift. Ethik des Wissens – Poetik der Existenz*, Berlin 2015, S. 188.

Armen Avanessian und Anke Hennig, *Metanoia. Spekulative Ontologie der Sprache*, Berlin 2014, S. 169f.

Valerij Podoroga, *MimesiS. Materialien zu einer analytischen Anthropologie der Literatur*, Zürich 2014, S. 41.

Henri Bergson, *Zeit und Freiheit*, Hamburg 2006, S. 129f.

Elisabeth Grosz, »Feminism, Materialism, and Freedom«, in: Christoph Cox, Jenny Jaskey, Suhail Malik (Hg.), *Realism Materialism Art*, Berlin 2015, 46-60, S. 58.